# HET ULTIEME AMERIKAANSE KAAS KOOKBOEK

Van klassieke hamburgers tot gastronomische gegrilde kaas, ontdek de rijke en 100 heerlijke wereld van Amerikaanse kaas

Sean McGrath

Auteursrechtmateriaal ©2023

Alle rechten voorbehouden

Geen enkel deel van dit boek mag in welke vorm of op welke manier dan ook worden gebruikt of overgedragen zonder de juiste schriftelijke toestemming van de uitgever en eigenaar van het auteursrecht, met uitzondering van korte citaten die in een recensie worden gebruikt. Dit boek mag niet worden beschouwd als vervanging voor medisch, juridisch of ander professioneel advies.

# INHOUDSOPGAVE

**INHOUDSOPGAVE** ................................................................................ 3
**INVOERING** ......................................................................................... 6
**ONTBIJT EN BRUNCH** ..................................................................... 7
   1. BLT-eierbak ................................................................................... 8
   2. Gebakken eiersoufflé .................................................................. 10
   3. Romige ham op toast .................................................................. 12
   4. Camping Cheesy Devils ............................................................. 14
   5. Ontbijtkoekje .............................................................................. 16
   6. McMuffin-ei ................................................................................ 18
   7. Airfryer Ontbijtschotel ............................................................... 20
   8. Quiche met hamkragen .............................................................. 22
   9. Ham-en-aardappelschotel ......................................................... 24
   10. Ontbijtpizza in landelijke stijl ................................................. 26
   11. Asperges – Engelse muffin bakken ......................................... 28
   12. Lion's Mane Ham- en kaasomelet .......................................... 30
   13. Deli Turkije Crêpe ................................................................... 32
   14. Croissants met ham en kaas .................................................... 34
   15. Quiche Lotharingen ................................................................. 36
   16. Roerei met ham ........................................................................ 38
**VOORGERECHTEN, HAPJES EN SNACKS** ................................ 40
   17. Hapjes met geroosterde zeevruchten ..................................... 41
   18. In spek gewikkelde kaashonden ............................................. 43
   19. Kaastortilla Pinwheels ............................................................. 45
   20. Spek-kaas-popcorn ................................................................... 47
   21. Staatsfrietjes ............................................................................. 49
   22. Bacon-Kaas Weenie Roast ...................................................... 51
   23. Ranch Pizza Vuurraderen ....................................................... 53
   24. Kalkoenschuifjes met zoete aardappel ................................... 55
   25. Sandwiches met appel, ham en kaas ..................................... 57
   26. Philly Cheesesteak-nacho's ...................................................... 59
   27. Cocktailkaasballetjes ............................................................... 61
   28. Hassel terug Tomatenclubs ..................................................... 63
   29. Paddenstoelen- en uienrookwolken ....................................... 65
   30. Pindakaas-toffees ..................................................................... 67
**DIPS EN QUESO** .............................................................................. 69
   31. Pubkaasdip ............................................................................... 70
   32. Chili con queso ........................................................................ 72
   33. Tex-Mex Chili Con Queso ...................................................... 74
   34. Pittige maïsdip ......................................................................... 76
   35. Kaasdip met paprika ................................................................ 78

36. Kaas- en bierdip ............................................................................... 80

## SANDWICH, HAMBURGERS EN WRAPS ....................... 82
37. Gegrilde Amerikaanse kaas- en tomatensandwich ............................. 83
38. Snelle bagelomeletsandwich .............................................................. 85
39. Volledig Amerikaanse hamburgers ................................................... 87
40. Ontbijt Hamburger............................................................................ 90
41. Spam tosti-held .................................................................................. 92
42. Provolone Pesto................................................................................. 94
43. Copycat in N'Out Burger .................................................................. 96
44. Burrito's met zoete aardappelen en eieren........................................ 99
45. Kaasbiefstuk in Philly-stijl .............................................................. 102
46. Gebakken auberginesandwiches..................................................... 104
47. Visfiletburger................................................................................... 107
48. PortobelloItaliaanse subsandwich .................................................. 109
49. Zuurdesem, Provolone, Pesto ........................................................ 111
50. Gastronomische warme ham en kaas ............................................. 113
51. Cubanen........................................................................................... 115
52. Warme sandwiches bij kampvuur................................................... 117

## HOOFDGERECHT ......................................................................... 119
53. Zinderende kip en kaas .................................................................. 120
54. Kipfajitas ......................................................................................... 122
55. Kaasachtig gehaktbrood ................................................................. 125
56. Gegrilde biefstuk met blauwe kaasboter ........................................ 127
57. Kaasachtige gevulde kippenborsten ............................................... 129
58. Kaasachtige braadpan met broccoli en kip .................................... 131

## SALADES EN KANTEN ............................................................... 133
59. Kaasachtige gegrilde aardappelen .................................................. 134
60. Caesarsalade met Amerikaanse kaascroutons................................ 136
61. Amerikaanse kaas- en spekaardappelsalade ................................... 138
62. Gegrilde maïs met Amerikaanse kaas en limoen............................ 140
63. Cobb-salade met Amerikaanse kaas ............................................... 142
64. Amerikaanse kaas- en broccolisalade............................................. 144
65. Salade met appel en Amerikaanse kaas.......................................... 146

## PIZZA EN DEEGWAREN ............................................................ 148
66. Pepperoni-pizza met tuinbasilicum ................................................ 149
67. Pepperoni-lasagne............................................................................ 151
68. Queso Mac en Kaas......................................................................... 153
69. Ontbijtsandwich met Mac en Kaas ................................................ 155
70. Bloemkool Broccoli Macaroni ........................................................ 157
71. Bloemkool Broccoli Macaroni ........................................................ 159
72. Linguine met kaassaus .................................................................... 161
73. Gebakken kaasgnocchi.................................................................... 163

74. Gemakkelijke snelle pizza's ................................................................. 165
## SOEPEN EN CHOWDER ................................................... **167**
75. Tonijnsmeltchowder ............................................................................ 168
76. Gouden aardappelsoep ....................................................................... 170
77. Groentennoedelsoep ........................................................................... 172
78. Kaasachtige gehaktballensoep ............................................................ 174
79. Wintergroenten- en hamsoep ............................................................. 176
80. Kalkoensoep met snijbiet ................................................................... 178
81. Rueben Chowder ............................................................................... 180
82. Jalapeno-kaassoep .............................................................................. 182
## DESSERT EN GEBAKKEN GOEDEREN ...................... **184**
83. Soufflé met noedels en champignons ................................................. 185
84. Kaastaartschelpen ............................................................................... 187
85. Habanero en Colby Jack Flan ............................................................ 189
86. Alpenaardappeltaart ........................................................................... 191
87. Kruidenkaastaartjes ............................................................................. 193
88. Drievoudige champignontaart ............................................................ 195
89. Peterselie en Zwitserse vlaai ............................................................... 197
90. Worst en Jack Pie ............................................................................... 199
91. Mexicaanse Capirotada ...................................................................... 201
## DRANKEN EN COCKTAILS ............................................ **203**
92. Met kaas doordrenkte wodka-martini ................................................ 204
93. Gegrilde Kaas Bloody Mary ............................................................... 206
94. Bloody Mary met blauwe kaas en spek .............................................. 208
95. Kaasachtige warme chocolademelk ................................................... 210
96. Romige Amerikaanse kaassmoothie .................................................. 212
97. Martini met appel en cheddarkaas ..................................................... 214
98. Kaasachtige grapefruitmargarita ........................................................ 216
99. Kaasachtige Hot Toddy ...................................................................... 218
100. Blauwe Kaas Whisky Fizz ................................................................ 220
## CONCLUSIE .................................................................... **222**

# INVOERING

Welkom bij Het Ultieme Amerikaanse Kaaskookboek Als je van kaas en alles wat Amerikaans is houdt, dan staat je iets lekkers te wachten. In dit boek onderzoeken we de vele heerlijke manieren waarop Amerikaanse kaas kan worden gebruikt bij het koken en bakken, van klassieke troostmaaltijden zoals macaroni en kaas en tosti's tot meer gastronomische creaties zoals kaassoufflés en fondue. Of je nu een doorgewinterde chef-kok bent of een beginneling in de keuken, dit boek heeft voor ieder wat wils.

In dit boek vindt u eenvoudig te volgen recepten waarmee u geweldige gerechten met Amerikaanse kaas kunt bereiden. We geven u ook tips en trucs voor het werken met kaas, waaronder hoe u deze op de juiste manier kunt smelten, welke soorten kaas het beste bij verschillende gerechten passen en hoe u kaas kunt bewaren om deze vers te houden. Aan het einde van dit boek zul je een kaasexpert zijn en een geheel nieuwe waardering voor Amerikaanse kaas hebben.

Dus bereid je voor om in de wereld van Amerikaanse kaas te duiken, en laten we aan de slag gaan!

# ONTBIJT EN BRUNCH

## 1. BLT eierbak

## INGREDIËNTEN:

- ¼ kopje mayonaise
- 5 sneetjes brood, geroosterd
- 4 plakjes bewerkte Amerikaanse kaas
- 12 spekreepjes, gekookt en verkruimeld
- 2 eetlepels boter
- 2 eetlepels bloem voor alle doeleinden
- ¼ theelepel zout
- ⅛ theelepel peper
- 1 kopje 2% melk
- 4 grote eieren
- 1 middelgrote tomaat, gehalveerd en in plakjes gesneden
- ½ kopje geraspte cheddarkaas
- 2 groene uien, in dunne plakjes gesneden
- Geraspte sla

## INSTRUCTIES:

a) Verwarm de oven voor op 325 °. Bestrijk een deel van elk sneetje toast met mayonaise. Snij de toast in kleine stukjes.

b) Leg de toast in een ingevette vierkante bakvorm van 20 cm met de mayonaisekant naar boven. Leg spek- en kaasplakken op elke toast.

c) Smelt de boter in een kleine pan en meng de bloem, peper en zout erdoor tot een gladde massa. Giet geleidelijk de melk erbij.

d) Kook tot het mengsel begint te koken en blijf dan koken en roer nog 2 minuten of tot de saus dikker wordt. Giet het mengsel op het spek.

e) In een grote pan op middelhoog vuur bak je de eieren tot je de gewenste gaarheid hebt bereikt. Leg de eieren op het spek en beleg met plakjes tomaat, uien en cheddarkaas. Bak gedurende 10 minuten zonder deksel.

f) Snijd in vierkantjes en garneer met sla bij het serveren.

## 2. Soufflé van gebakken eieren

## INGREDIËNTEN:

- 12 sneetjes witbrood
- 2 Eetlepels boter, zacht
- 6 plakjes delicatessenham
- 6 plakjes Amerikaanse kaas
- 3 kopjes melk
- 4 eieren, losgeklopt
- zout en peper naar smaak

## INSTRUCTIES:

a) Besmeer één kant van elk sneetje brood met boter.
b) Schik 6 plakjes met de boterkant naar beneden in een licht beboterde bakvorm van 13 x 9 inch.
c) Leg de ham en kaas erop. Bedek met het resterende brood, met de boterkant naar boven.
d) Klop melk en eieren samen tot schuimig; alles overgieten.
e) Bestrooi met zout en peper.
f) Bak onbedekt op 350 graden gedurende 50 minuten, of tot ze goudbruin zijn.
g) Laat 5 minuten staan alvorens te serveren.

## 3. Afgeroomde Ham Op Toast

**INGREDIËNTEN:**
- 1 kopje gehakte, volledig gekookte ham
- ⅓ kopje gehakte groene paprika
- ¼ kopje gesneden bleekselderij
- 2 eetlepels boter
- 3 eetlepels bloem voor alle doeleinden
- 1-½ kopjes melk
- ¼ theelepel peper
- ¼ theelepel selderiezaad
- 1 hardgekookt groot ei, gehakt
- 5 plakjes verwerkte Amerikaanse kaas, in vieren gedeeld
- 3 sneetjes toast, in driehoekjes gesneden

**INSTRUCTIES:**

a) Bak in een koekenpan de bleekselderij, groene paprika en ham in boter gedurende 4-5 minuten.

b) Bestrooi met bloem; klop tot het bruisend en glad is. Voeg selderijzaad, peper en melk toe; breng het aan de kook. Kook al roerend gedurende 2 minuten.

c) Neem even afstand van de hitte. Doe er kaas en ei in; klop om de kaas te laten smelten. Serveer op toast.

## 4. Camping Cheesy Devils

**INGREDIËNTEN:**
- 4 sneetjes brood
- 2 blikjes gevulde hamspread
- 1 tomaat, in dunne plakjes gesneden
- 4 plakjes witte Amerikaanse kaas

**INSTRUCTIES:**
a) Bestrijk elk plakje met een deel van de hamspread, beleg met wat tomaten en vervolgens met kaas.
b) Wikkel het losjes in folie, zodat de kaas elkaar niet raakt.
c) Plaats het op het kampvuurrek gedurende 10-15 minuten.

## 5. Ontbijtkoekje

**INGREDIËNTEN:**
- 2 grote eieren (scheid het wit en de dooier van één ei)
- ¼ kopje zachte roomkaas
- 2 el Parmezaanse kaas, geraspt
- ½ theelepel psylliumschillen
- ½ theelepel biologische appelciderazijn
- Een snufje bakpoeder
- Een snufje knoflookpoeder
- Zout en peper naar smaak
- 1 theelepel olijfolie, plus een ½ theelepel. voor koken
- 1 plakje Amerikaanse kaas, gehalveerd

**INSTRUCTIES:**
a) Klop in een kom het eiwit van één ei, roomkaas, parmezaanse kaas, psylliumschil, appelcider, bakpoeder en knoflookpoeder bij elkaar. Combineer goed.
b) Bestrijk 2 schaaltjes met de olijfolie en giet het voorbereide beslag erin. Zet het in de magnetron en laat het 35 seconden op de hoogste stand koken.
c) Verhit de overgebleven olie in een pan met antiaanbaklaag, voeg de resterende eieren toe en bak tot ze medium zijn.
d) Leg de plakjes kaas en de gebakken eieren op de gekookte koekjes en serveer onmiddellijk.

6. Ei McMuffin

**INGREDIËNTEN:**
- 1 Engelse muffin, gespleten en geroosterd
- 1 plak Canadees spek
- 1 ei
- 1 plakje Amerikaanse kaas
- Zout en peper naar smaak
- Boter, om te koken

**INSTRUCTIES:**

a) Rooster de Engelse muffin tot hij lichtbruin is.

b) Verhit een kleine pan met antiaanbaklaag op middelhoog vuur en voeg een kleine hoeveelheid boter toe.

c) Als de boter is gesmolten, doe je het Canadese spek in de pan en bak je het 1-2 minuten aan elke kant tot het lichtbruin is. Haal uit de pan en zet opzij.

d) Breek het ei in de pan en kook tot het eiwit gestold is, maar de dooier nog steeds vloeibaar is, ongeveer 2-3 minuten. Breng op smaak met zout en peper.

e) Stel de sandwich samen door het gekookte ei op de onderste helft van de geroosterde Engelse muffin te leggen, gevolgd door het plakje Amerikaanse kaas en vervolgens het Canadese spek. Bestrijk met de andere helft van de Engelse muffin en serveer onmiddellijk.

## 7. Airfryer Ontbijtschotel

**INGREDIËNTEN:**
- 1 lb. Gemalen Worst
- 1 theelepel Venkelzaad
- 1 In blokjes gesneden groene paprika
- ½ kopje Colby Jack-kaas, versnipperd
- ¼ kopje ui, in blokjes gesneden
- 8 hele eieren, geslagen
- ½ theelepel knoflookzout

**INSTRUCTIES:**
a) Gebruik de koekenpanfunctie van de airfryer, voeg de ui en de paprika toe en kook samen met de gemalen worst tot de groenten zacht zijn en de worst gaar is.
b) Gebruik de Airfryer-pan en spuit deze in met antiaanbakspray.
c) Plaats het gemalen worstmengsel op de bodem van de pan. Bestrijk met kaas.
d) Giet de losgeklopte eieren gelijkmatig over de kaas en worst.
e) Voeg venkelzaad en knoflookzout toe en kook gedurende 15 minuten op 390 graden.

## 8. Quiche met ham en boerenkool

**INGREDIËNTEN:**
- 1 vel gekoeld taartdeeg
- 2 kopjes geraspte Colby-Monterey Jack-kaas, verdeeld
- ¾ kopje in blokjes gesneden, volledig gekookte ham
- 2 eetlepels olijfolie
- 1 kopje bevroren gehakte boerenkool, ontdooid en uitgelekt
- 1 kleine ui, gehakt
- 1 teentje knoflook, fijngehakt
- ¼ theelepel zout
- ¼ theelepel peper
- 6 grote eieren
- 1 kopje 2% melk

**INSTRUCTIES:**
a) Zet de oven op 375 ° en begin met voorverwarmen. Rol het bladerdeeg uit op een 9-inch taartplaat; krimp de rand. Strooi een kopje kaas op de bodem van de met gebak beklede taartplaat. Bestrooi met ham.
b) Verhit olie in een grote koekenpan op middelhoog vuur. Doe de ui en boerenkool erbij; kook al roerend tot de ui zacht is, ongeveer 5 tot 7 minuten.
c) Doe de knoflook erbij en kook 1 minuut. Meng peper en zout erdoor. Laag ham met groen.
d) Klop de melk en de eieren samen in een grote kom tot ze gecombineerd zijn.
e) Overbrengen naar boven. Bestrooi met de rest van de kaas.
f) Bak gedurende 35 tot 40 minuten op een lager ovenrek totdat een mes in het midden er schoon uitkomt. Laat het 10 minuten zitten voordat u begint met snijden. Invriesmogelijkheid: Ongebakken quiche invriezen met deksel.
g) Voor gebruik een half uur voor het bakken uit de vriezer halen (niet ontdooien). Zet de oven op 375 ° en begin met voorverwarmen. Zet de quiche op een
h) bakplaat. Bak zoals aangegeven en stel de tijd in op 50 minuten tot een uur.

## 9. Ham-en-aardappelschotel

**INGREDIËNTEN:**
- ¼ kopje boter, in blokjes
- ¼ kopje bloem voor alle doeleinden
- 1 theelepel zout
- ¼ theelepel peper
- 1-½ kopjes (12 ounces) zure room
- 4 ons smeltkaas (Velveeta), in blokjes
- 1 kopje geraspte Colby-kaas
- 8 hardgekookte grote eieren, grof gehakt
- 3 kopjes in blokjes gesneden gekookte aardappelen
- 2 kopjes in blokjes gesneden, volledig gekookte ham
- 2 eetlepels gedroogde gehakte ui
- 2 eetlepels gehakte verse peterselie

**INSTRUCTIES:**
a) Smelt boter op middelhoog vuur in een grote pan. Meng peper, bloem en zout erdoor tot het mengsel glad is.
b) Roer en kook gedurende 1 tot 2 minuten. Haal weg van de hitte; meng kaas en zure room erdoor.
c) Op laag vuur koken en roeren tot het mengsel dik is en de kaas is gesmolten. Haal weg van de hitte. Meng de aardappelen, peterselie, eieren, ui en ham erdoor.
d) Plaats een ingevette 2-qt. ovenschaal.
e) Dek niet af, bak op 350 graden tot de randen goudbruin en bubbelend worden, 30-35 minuten.

## 10. Landelijke ontbijtpizza

**INGREDIËNTEN:**
- Gekoeld pizzabodemdeeg van 13,8 ounces
- Optioneel: knoflookzout naar smaak
- 24-ounces pkg. gekoelde aardappelpuree
- 10 eieren, geslagen
- Optioneel: gehakte groenten, gekookte ham of worst
- 8-ounces pkg. geraspte Colby Jack-kaas
- 4-ounces pkg. verkruimelde stukjes spek
- Garneer: gesneden tomaten, in blokjes gesneden groene ui

a) Verdeel het pizzadeeg in een pizzavorm besproeid met anti-aanbakgroentespray; bestrooi indien gewenst met knoflookzout en zet opzij.

b) Doe de aardappelpuree in een magnetronbestendige kom; magnetron op hoge stand gedurende ongeveer 3 minuten, tot het gaar is.

c) Verdeel de aardappelen over het deeg. Kook de eieren naar wens en voeg desgewenst groenten, ham of worst toe. Verdeel het eimengsel gelijkmatig over de aardappelen.

d) Bestrooi met kaas; beleg met spek. Bak op 350 graden gedurende 22 tot 25 minuten, totdat de kaas is gesmolten en de korst goudbruin is. Garneer met gesneden tomaten en groene uien.

## 11. Asperges – Engelse muffin bakken

## INGREDIËNTEN:
- 1 pond verse asperges, in stukken van 1 inch gesneden
- 5 Engelse muffins, gespleten en geroosterd
- 2 kopjes geraspte Colby Jack-kaas, verdeeld
- 1 ½ kopjes in blokjes gesneden, volledig gekookte ham
- ½ kopje gehakte rode paprika
- 8 eieren, losgeklopt
- 2 kopjes melk
- 1 theelepel zout
- 1 theelepel droge mosterd
- ½ theelepel zwarte peper

## INSTRUCTIES:
a) Kook de asperges gedurende 1 minuut in een pan van 4 liter. Giet af en doe in een grote kom met ijswater om het kookproces te stoppen. Giet de asperges af en dep ze droog met keukenpapier.

b) Plaats de Engelse muffinhelften, met de snijkant naar boven, om een korst te vormen in een ingevette pan van 9x13 inch. Snijd de muffins om de lege ruimtes in de pan indien nodig op te vullen. Leg de asperges, de helft van de kaas, de ham en de paprika over de muffins.

c) Klop in een grote kom de eieren, melk, zout, droge mosterd en peper. Giet het eimengsel gelijkmatig over de muffins. Dek af en zet 2 uur of een nacht in de koelkast. Haal het uit de koelkast voordat je de oven voorverwarmt tot 375 graden. Bak gedurende 40-45 minuten, of tot het in het midden stevig is geworden.

d) Strooi er onmiddellijk de overgebleven kaas over en serveer.

## 12. Lion's Mane Ham en Kaas Omelet

**INGREDIËNTEN:**
- 2 eieren
- ¼ kopje champignons, leeuwenmanen, in kleine blokjes gesneden
- ⅓ kopje ham, deli-stijl, dun gesneden, in kleine blokjes
- ⅓ kopje kaas, Colby Jack, versnipperd.

**INSTRUCTIES:**
a) Verwarm uw bakplaat voor op medium/laag tot medium.
b) Snijd de champignons en de ham in blokjes.
c) Klop de eieren in een kleine kom samen.
d) Op de voorverwarmde, droge bakplaat bak je de in blokjes gesneden champignons tot ze goudbruin beginnen te worden.
e) Kook de in blokjes gesneden ham terwijl de champignons bruin worden.
f) Combineer de champignons en ham op de bakplaat.
g) Als je een omeletring hebt, kun je deze nu gebruiken.
h) Plaats het gewenste dunne laagje vet op de bakplaat.
i) Giet de opgeklopte eieren op de ingevette hete bakplaat. De eieren moeten in een ronde cirkel van 15 cm liggen. Als de eieren op de bakplaat beginnen te lopen, gebruik dan je spatel en breng deze terug naar een cirkelvorm.
j) Wanneer de eieren niet meer lopen, voeg je de gekookte ham en champignons toe en verdeel je ze gelijkmatig over de cirkel.
k) Bak de omelet ongeveer 2 minuten aan elke kant. Maar de kooktijden zullen variëren. Je moet de omelet koken zoals hij eruit ziet, omdat elke bakplaat in temperatuur varieert.
l) Als de omelet met ham en champignons aan één kant gaar is, is het tijd om om te draaien. Draai de omelet voorzichtig om met een grote spatel.
m) Voeg de helft van de geraspte kaas toe aan de helft van de omelet.
n) Zodra de omelet met champignons, ham en kaas gaar is, draai je hem dubbel zodat de niet-kaaskant op de gesmolten kaas ligt.
o) Bestrooi met de resterende geraspte kaas en haal van de bakplaat.

## 13. Deli Turkije Crêpe

**INGREDIËNTEN:**
- 3 biologische eieren
- ½ kopje zachte roomkaas
- ½ eetlepel stevia
- ½ theelepel kaneelpoeder
- 4 plakjes ham
- 4 plakjes deli kalkoen
- 1 kop Zwitserse kaas, geraspt
- 2 eetlepels biologische boter, verdeeld

**INSTRUCTIES:**

a) Doe de eerste vier ingrediënten in een keukenmachine en pulseer tot een mooi beslag ontstaat. Zet opzij en laat het 5 minuten rusten.

b) Smelt de boter in een pan met antiaanbaklaag op middelhoog vuur en schep een flinke eetlepel beslag in de pan. Beweeg de pan heen en weer om een crêpe te maken. Kook elke kant gedurende 2 minuten.

c) Zet de crêpe in elkaar door één kant te beleggen met 1 plakje ham en 1 plakje kalkoendeli, en bestrooi met de Zwitserse kaas.

d) Leg er nog een crêpe op en voer dezelfde procedure uit.

e) Smelt in dezelfde pan de resterende boter en plaats de gestapelde crêpe erin.

f) Dek af en laat 2 minuten koken voordat u de crêpe omdraait.

g) Serveer warm.

## 14. Croissants met ham en kaas

**INGREDIËNTEN:**
- 6 croissantjes
- 6 plakjes ham
- 6 plakjes Zwitserse kaas
- 1 ei losgeklopt met 1 eetlepel water
- Zout en peper naar smaak

**INSTRUCTIES:**
a) Verwarm de oven voor op 175°C.
b) Snijd de croissants in de lengte doormidden en zet opzij.
c) Leg op elke croissant een plakje ham en een plakje kaas.
d) Bestrooi met zout en peper.
e) Plaats de bovenste helft van de croissant terug en druk zachtjes aan.
f) Leg de croissants op een bakplaat en bestrijk ze met eierwas.
g) Bak 15-20 minuten tot de kaas gesmolten is en de croissant knapperig is.

## 15. Quiche Lotharingen

**INGREDIËNTEN:**
- 1½ kopjes (6 ons) geraspte Zwitserse kaas
- 8 plakjes spek of ham, gekookt en verkruimeld
- 3 eieren
- 1 kopje zware room
- ½ kopje melk
- ¼ theelepel peper
- 1 kant-en-klare bevroren taartbodem

**INSTRUCTIES:**

a) Strooi kaas en spek/ham in de met gebak beklede taartbodem.

b) Klop de overige ingrediënten door elkaar en giet de kaas en ham erover.

c) Bak op 375 graden gedurende 45 minuten.

## 16. Roerei met ham

**INGREDIËNTEN:**
- Anti-aanbak kookspray
- ½ kopje dun gesneden delicatessenham
- 3 eetlepels geraspte Zwitserse kaas
- 2 eieren
- 1 theelepel Dijon-mosterd
- ⅛ theelepel koosjer zout
- 3 maal zwarte peper
- Gehakte verse bieslook

**INSTRUCTIES:**
a) Spuit de binnenkant van een mok van 16 ounce met kookspray.
b) Meng alle ingrediënten in een kom en giet ze in de mok.
c) Dek af en zet 1½ minuut in de magnetron.
d) Gebruik een vork om het eimengsel los te maken, dek het opnieuw af en zet het nog ongeveer 30 seconden in de magnetron.

# VOORGERECHTEN, HAPJES EN SNACKS

## 17. Geroosterde zeevruchtencanapés

INGREDIËNTEN:
- 1 kop Gekookte zeevruchten, in vlokken
- 6 sneetjes Witbrood
- ¼ kopje boter
- ¼ kopje Cheddar of ⅓ kopje ketchup of chilisaus
- Amerikaanse kaas, geraspt

**INSTRUCTIES:**

a) Toast brood aan één kant; Snijd de korstjes eraf en snijd het brood doormidden.

b) Boter geroosterde zijkanten; bedek met een laag zeevruchten, dan ketchup en bedek met kaas. Plaats de canapés op een bakplaat onder de grill.

c) Rooster tot de kaas is gesmolten en de canapés zijn opgewarmd.

## 18. In spek gewikkelde kaashonden

**INGREDIËNTEN:**
- 4 Hotdogs
- 4 plakjes spek
- 1 plakje Amerikaanse kaas
- 4 Hotdogbroodjes
- Mosterd

**INSTRUCTIES:**

a) Leg het spek op het magnetronrek. Bedek met een papieren handdoek. Magnetron op de hoogste stand gedurende 3½ minuut of tot bijna gaar.

b) Begin op ½ inch vanaf het uiteinde en snijd elke hotdog in de lengte door. Snijd de kaas in 4 reepjes en doe deze in de hotdogbroodjes.

c) Wikkel spek rond hotdogs en zet vast met tandenstokers. Giet het vet uit het spekrek af. Plaats hotdogs op het rek.

d) Bedek met een papieren handdoek.

## 19. Kaastortilla Pinwheels

**INGREDIËNTEN:**
- ¼ kopje Zachte roomkaas met bieslook
- En spek
- 4 tortilla's
- 8 plakjes Amerikaanse kaas
- 8 plakjes Gerookte gekookte ham

**INSTRUCTIES:**

a) Verdeel een eetlepel roomkaas over de tortilla. Beleg met twee plakjes ham en kaas. Rol strak op.

b) Wikkel de rol veilig in plasticfolie. In de koelkast bewaren.

c) Snijd de rol in zes stukken en zet het plakje vast door een tandenstoker door het midden te halen.

## 20. Bacon Kaas Popcorn

**INGREDIËNTEN:**
- 4 liter gepofte popcorn
- ⅓ kopje Boter gesmolten
- ½ theelepel Gekruid zout
- ½ theelepel Hickory-gerookt zout
- ½ kopje Amerikaanse kaas geraspt
- ⅓ kopje spekblokjes

**INSTRUCTIES:**
a) Giet vers gepofte maïs in een grote kom.
b) Combineer margarine met hickory-gerookt zout.
c) Giet over popcorn; gooi goed om te coaten.
d) Bestrooi met kaas en stukjes spek.
e) Roer opnieuw en serveer terwijl het warm is.

## 21. Staatsbeurs friet

**INGREDIËNTEN:**
- 32-ounce pakket bevroren, gekruide frietjes
- eetlepels maizena
- 2 eetlepels water
- 2 kopjes magere melk
- 1 eetlepel margarine
- 8 plakjes Amerikaanse kaas, in stukjes gesneden
- 15-ounce blik chili zonder bonen zoals Hormel, of vegetarische chili voor vleesloos

**INSTRUCTIES:**
a) Kook je frietjes in de oven gedurende ongeveer 25 minuten tot ze goudbruin zijn op 350 graden.
b) Neem een kleine kom en meng het water en het maïzena gelijkmatig.
c) Zet een pan met de margarine en de melk al roerend aan de kook, zet het vuur laag en roer het maizenamengsel door het melkmengsel. Zet het vuur op een middelhoog niveau en blijf het mengsel al roerend verwarmen tot het dik wordt.
d) Voeg de plakjes kaas bij elkaar en roer het mengsel tot alles gesmolten is. Verwarm vervolgens je chili in een aparte pot.
e) Zodra het melkmengsel en de chili klaar zijn, beleg je de frietjes met de chili en kaas en serveer.

## 22. Bacon-Kaas Weenie Roast

**INGREDIËNTEN:**
- 1 pakje hotdogs
- Amerikaanse kaas
- 12 ons ongekookt spek
- Tandenstokers

**INSTRUCTIES:**

a) Verdeel de hotdogs zonder er helemaal doorheen te gaan. Scheur reepjes kaas en stop deze in de gleuven.

b) Omwikkel elke hele hotdog met een plakje spek en zet vast met tandenstokers.

c) Rooster boven een open vuur tot het spek knapperig zacht is en de hotdog is opgewarmd.

## 23. Ranch Pizza Vuurraderen

**INGREDIËNTEN:**

- 1 tube (13,8 ounces) gekoelde pizzabodem
- ¼ kopje bereide ranchsaladedressing
- ½ kopje geraspte Colby-Monterey Jack-kaas
- ½ kopje in blokjes gesneden pepperoni
- ¼ kopje gehakte groene uien
- Verwarmde pizzasaus of extra ranchsaladedressing, optioneel

**INSTRUCTIES:**

a) Rol het pizzadeeg uit tot een rechthoek van 12x10 inch op een licht met bloem bestoven oppervlak. Verdeel de ranchdressing gelijkmatig binnen ¼ inch. van de randen. Strooi de uien, pepperoni en kaas. Begin met de lange zijde en rol het op als een jellyroll.

b) Snijd tot 1-in. plakjes. Leg op een ingevette bakplaat, met de snijzijde naar beneden. Bak gedurende 10-13 minuten tot ze lichtbruin zijn op 425 °. Serveer warm met extra ranchdressing of pizzasaus (optioneel). Bewaar restjes in de koelkast.

## 24. Kalkoenschuifjes met zoete aardappel

## INGREDIËNTEN:
- 4 Op appelhout gerookte spekreepjes, fijngehakt
- 1 pond gemalen kalkoen
- ½ kopje pankokruimels
- 2 grote eieren
- ½ kopje geraspte Parmezaanse kaas
- 4 eetlepels gehakte verse koriander
- 1 theelepel gedroogde basilicum
- ½ theelepel gemalen komijn
- 1 eetlepel sojasaus
- 2 grote zoete aardappelen
- Geraspte Colby-Monterey Jack-kaas

## INSTRUCTIES:
a) Kook het spek in een grote koekenpan op middelhoog vuur tot het knapperig is; uitlekken op papieren handdoeken. Gooi alles behalve 2 eetlepels druppels weg. Zet de koekenpan opzij. Combineer spek met de volgende 8 ingrediënten tot goed gemengd; dek af en laat minimaal 30 minuten in de koelkast staan.

b) Verwarm de oven voor op 425 °. Snijd de zoete aardappelen in 20 plakjes van ongeveer ½ inch dik. Leg de plakjes op een niet-ingevette bakplaat; bak tot de zoete aardappelen zacht maar niet papperig zijn, 30-35 minuten. Verwijder plakjes; afkoelen op een rooster.

c) Verhit de koekenpan met gereserveerde druppels op middelhoog vuur. Vorm het kalkoenmengsel in pasteitjes ter grootte van een schuif. Kook de schuivers in batches, 3-4 minuten aan elke kant, en zorg ervoor dat de pan niet te vol raakt. Voeg een snufje geraspte cheddar toe nadat je elke schuif de eerste keer hebt omgedraaid. Kook tot een thermometer 165° aangeeft en de sappen helder zijn.

d) Om te serveren plaats je elke schuif op een plakje zoete aardappel; bestrijk met honing Dijon-mosterd. Bedek met een tweede plakje zoete aardappel.

e) Prik met een tandenstoker.

## 25. Appel-, ham- en kaassandwiches

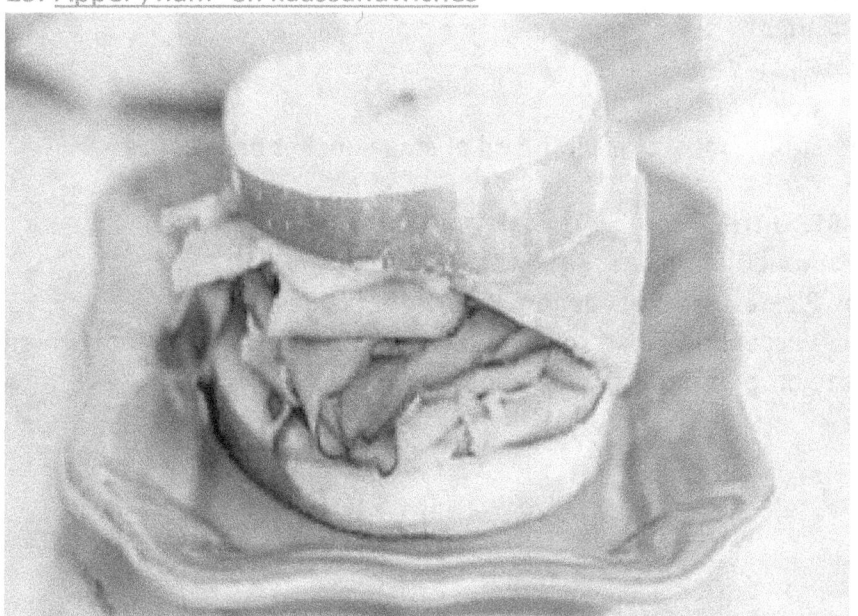

**INGREDIËNTEN:**
- appel
- Plakjes ham
- Colby Jack Plakjes
- Bruine mosterd, Dijon-stijl of smaakmaker naar keuze

**INSTRUCTIES:**

a) Appels in ringen snijden.

b) Plakjes ham toevoegen. Beleg met plakjes kaas.

c) Verdeel de mosterd over de bovenste ring van de sandwich en leg deze erop (met de kruidenkant naar beneden).

## 26. Philly Cheesesteak-nacho's

**INGREDIËNTEN:**
- 1 pond dun gesneden ossenhaas of zijsteak
- 2 eetlepels. olijfolie
- 1 in blokjes gesneden ui
- 1 in blokjes gesneden groene paprika
- ¼ kopje gesneden champignons
- 1 zak tortillachips
- 1 kop geraspte provolonekaas
- ¼ kopje gehakte verse peterselie

**INSTRUCTIES:**

a) Verwarm de oven voor op 375 ° F.

b) Verhit de olijfolie in een koekenpan op middelhoog vuur. Voeg het in dunne plakjes gesneden rundvlees toe en bak tot het bruin is. Voeg de in blokjes gesneden ui, groene paprika en gesneden champignons toe en kook tot ze zacht zijn.

c) Verdeel de tortillachips in een enkele laag op een bakplaat.

d) 4. Strooi de geraspte provolonekaas over de friet en bedek met het rundvleesmengsel.

e) Bak gedurende 10-15 minuten, of tot de kaas gesmolten en bubbelend is.

f) Bestrooi met gehakte verse peterselie.

## 27. Cocktail-kaasballetjes

## INGREDIËNTEN:
- 8 ons kaas, verzacht
- ¼ kopje gewone, magere yoghurt
- 4 ons geraspte cheddarkaas
- 4 ons Geraspte Zwitserse kaas met verlaagd vetgehalte
- 2 theelepels Geraspte ui
- 2 theelepels Bereide mierikswortel
- 1 theelepel Dijonmosterd in landelijke stijl
- ¼ kopje Gehakte verse peterselie

## INSTRUCTIES:
a) Combineer kaas en yoghurt in een grote mengkom; klop op gemiddelde snelheid van een elektrische mixer tot een gladde massa. Voeg cheddarkaas en de volgende 4 ingrediënten toe; goed roeren. Dek af en laat minimaal 1 uur afkoelen.

b) Vorm het kaasmengsel tot een bal en bestrooi met peterselie. Druk de peterselie voorzichtig in de kaasbol. Wikkel de kaasbal in stevig plasticfolie en laat afkoelen. Serveer met diverse ongezouten crackers.

## 28. Hassel terug Tomatenclubs

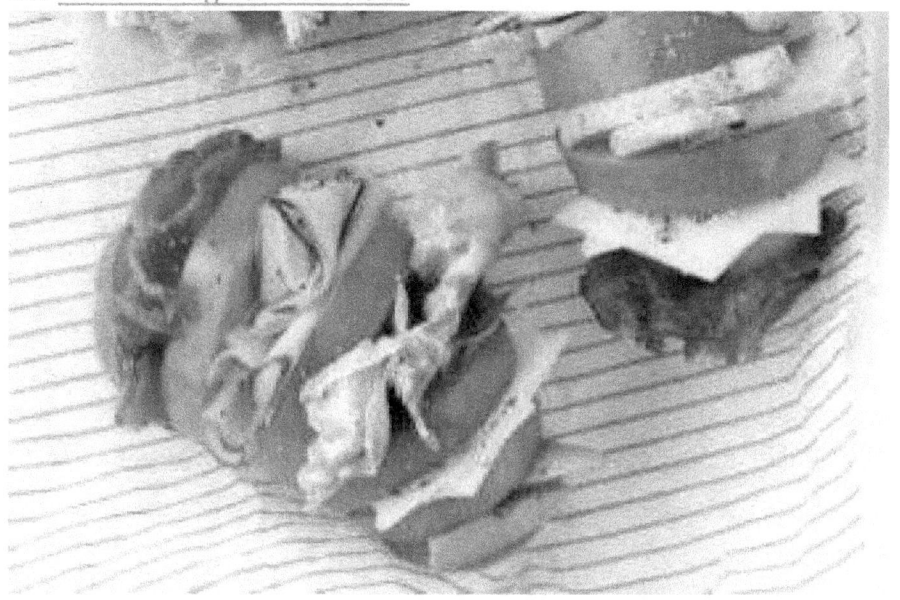

**INGREDIËNTEN:**
- 4 pruimtomaatjes
- 2 plakjes Zwitserse kaas, in vieren
- 4 gekookte spekreepjes, gehalveerd
- 4 plakjes deli kalkoen
- 4 Bibb-slablaadjes
- ½ middelrijpe avocado geschild en in 8 plakjes gesneden
- Gebarsten peper

**INSTRUCTIES:**

a) Snijd van elke tomaat kruislings 4 plakjes, laat ze aan de onderkant intact.

b) Vul elke plak met kaas, spek, kalkoen, sla en avocado. Bestrooi met peper.

## 29. Paddenstoel- en uienrookwolken

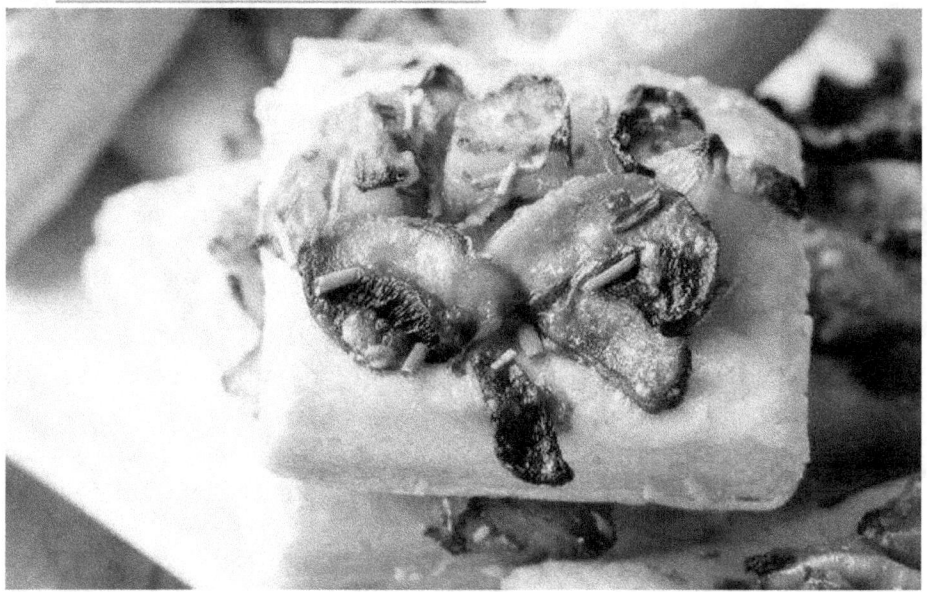

**INGREDIËNTEN:**
- 1 vel bladerdeeg, ontdooid
- 1 kop gesneden champignons
- ½ kopje gehakte ui
- ½ kopje geraspte Zwitserse kaas
- 1 ei, losgeklopt
- Zout en peper naar smaak

**INSTRUCTIES:**
a) Verwarm de oven voor op 200 °C.
b) Rol het bladerdeeg op een licht met bloem bestoven oppervlak uit tot een dikte van ongeveer ¼ inch.
c) Snij het bladerdeeg in 9 gelijke vierkanten.
d) In een koekenpan bak je de champignons en de ui tot ze zacht en lichtbruin zijn.
e) Schep ongeveer 1 eetlepel van het champignon-uienmengsel op elk bladerdeegvierkant.
f) Strooi geraspte Zwitserse kaas over het champignon-uienmengsel.
g) Vouw de hoeken van het bladerdeeg naar boven over de vulling en druk de randen tegen elkaar aan om ze goed af te sluiten.
h) Bestrijk elk bladerdeeg met een losgeklopt ei.
i) Bak gedurende 15-20 minuten tot ze goudbruin zijn.
j) Heet opdienen.

## 30. Pindakaas Fudge

## INGREDIËNTEN:
- 1 theelepel plus ½ kopje boter, verdeeld
- 1 kopje dikke pindakaas
- 1 pakje (8 ons) smeltkaas (Velveeta), in blokjes
- 1 pakje (2 pond) banketbakkerssuiker
- 1-½ theelepel vanille-extract

## INSTRUCTIES:
a) Gebruik folie om een pan van 13 inch x 9 inch te bekleden en beboter de folie met 1 theelepel boter; aan de kant zetten.

b) Meng de overgebleven boter, kaas en pindakaas in een grote, zware pan. Kook en meng op middelhoog vuur tot het gesmolten is. Neem even afstand van de hitte. Meng de vanille- en banketbakkerssuiker geleidelijk tot alles gemengd is (het mengsel zal dik zijn).

c) Verdeel over de beklede pan. Zet 2 uur in de koelkast of tot het stevig is.

d) Haal de fudge met aluminiumfolie uit de pan. Gooi folie; Snijd de fudge in vierkanten van 1 inch. Doe het in een luchtdichte verpakking en bewaar het in de koelkast.

# DIPS EN QUESO

## 31. Pubkaasdip

**INGREDIËNTEN:**
- 3 eetlepels grof gesneden, ingelegde jalapeno-pepers
- 1 kopje harde cider
- ⅛ theelepel gemalen rode peper
- 2 kopjes geraspte extra scherpe, gele cheddarkaas
- 2 kopjes geraspte Colby Cheese
- 2 eetlepels maizena
- 1 eetlepel Dijon-mosterd
- 60 crackers

**INSTRUCTIES:**
a) Meng in een middelgrote mengkom cheddarkaas, Colby-kaas en maizena. Zet opzij.
b) Meng cider en mosterd in een middelgrote pan.
c) Kook tot het kookt op middelhoog vuur.
d) Klop het kaasmengsel langzaam, beetje bij beetje, erdoor tot een gladde massa.
e) Zet het vuur uit.
f) Roer de jalapeno en rode paprika erdoor.
g) Doe het mengsel in een slowcooker of fonduepan van 1 liter.
h) Warm houden op laag vuur.
i) Serveer naast crackers.

## 32. Chili met queso

**INGREDIËNTEN:**
- 1 kop kippen- of groentebouillon
- 4 ons roomkaas
- 1 eetlepel maizena
- 1 eetlepel gehakte ingeblikte chipotle chili in adobosaus
- 1 teentje knoflook, fijngehakt
- ¼ theelepel peper
- 8 ons Monterey Jack-kaas, versnipperd (2 kopjes)
- 4 ons Amerikaanse kaas, versnipperd (1 kopje)
- 1 blikje Rotel Tomatenblokjes & Groene Chilies, uitgelekt

**INSTRUCTIES:**

a) Magnetronbouillon, roomkaas, maizena, chipotle, knoflook en peper in een grote kom, af en toe kloppend, tot een gladde en ingedikte massa, ongeveer 5 minuten.

b) Roer Monterey Jack en Amerikaanse kazen erdoor tot alles goed gemengd is.

c) Breng het mengsel over naar een souffléschaal van 1½ liter.

d) Zet het gerecht in een slowcooker en giet water in de slowcooker tot het ongeveer een derde van de zijkanten van het gerecht bereikt (ongeveer 2 kopjes water).

e) Dek af en kook tot de kaas is gesmolten, 1 tot 2 uur op laag.

f) Haal het gerecht indien gewenst uit de slowcooker.

g) Klop de dip tot een gladde massa en roer de tomaten erdoor. Dienen.

## 33. Tex-Mex Chili Con Queso

**INGREDIËNTEN:**
- 1 eetlepel extra vergine olijfolie
- ½ kopje fijngehakte gele ui
- 2 teentjes knoflook, fijngehakt
- 1 jalapeño, fijngehakt
- 1 theelepel gemalen komijn
- ½ theelepel zout
- 2 eetlepels maizena
- 1 kopje kippenbottenbouillon
- 8 Amerikaanse kaassingles, in stukken gesneden
- 1 kopje in blokjes gesneden tomaten
- Verse koriander voor garnering (optioneel)

**INSTRUCTIES:**
a) Verhit de olie in een gietijzeren koekenpan of middelgrote pan op middelhoog vuur en fruit de ui, knoflook en jalapeño (als je vers gebruikt) met komijn, zout en maizena gedurende 2 tot 3 minuten, tot de ui glazig is.
b) Voeg de bouillon toe en kook 3 tot 4 minuten. Roer voortdurend, zodat de saus dikker wordt.
c) Voeg de kaas en tomaten toe. Laat de queso voorzichtig sudderen op laag vuur gedurende 3 tot 5 minuten. Roer en pas de dikte aan naar jouw smaak door meer bouillon of kaas toe te voegen.
d) Serveer warm met tortillachips.

## 34. Pittige maïsdip

**INGREDIËNTEN:**
- 1 eetlepel extra vergine olijfolie
- ½ pond pittige Italiaanse worst
- 1 middelgrote rode ui, in blokjes gesneden
- 1 grote rode paprika, in blokjes gesneden
- 1 kopje zure room
- 4 ons roomkaas, op kamertemperatuur
- 4 kopjes bevroren maïs, ontdooid
- ½ kopje gehakte groene uien
- 1 grote jalapeño, in blokjes gesneden
- 4 teentjes knoflook, gehakt
- 1 eetlepel gehakte koriander
- 2 theelepels Creoolse kruiden
- 1 theelepel gemalen zwarte peper
- 1 kopje geraspte scherpe cheddarkaas, verdeeld
- 1 kopje geraspte Colby Jack-kaas, verdeeld
- Plantaardige olie, om in te vetten

**INSTRUCTIES:**
a) Verwarm de oven voor op 350 graden F.
b) Verhit de olie in een grote pan op middelhoog vuur. Voeg de Italiaanse worst toe en kook tot deze bruin wordt. Schep de uien en paprika erdoor. Kook tot ze zacht worden.
c) Voeg de zure room en roomkaas toe. Roer tot alles goed gemengd is en voeg dan de maïs, groene ui, jalapeño, knoflook en koriander toe.
d) Blijf de ingrediënten roeren tot alles goed is opgenomen.
e) Strooi de Creoolse kruiden, zwarte peper, ½ kopje cheddar en ½ kopje Colby Jack-kaas erdoor. Goed mengen.
f) Vet een ovenschaal licht in en voeg het maïsmengsel toe. Bestrijk met de overgebleven kaas en bak, onafgedekt, gedurende 20 minuten. Laat iets afkoelen voordat u het serveert.

## 35. Kaasdip met paprika

Porties 8

**INGREDIËNTEN:**
- 1 eetlepel boter
- 2 rode paprika's, in plakjes gesneden
- 1 theelepel rode Aleppo-pepervlokken
- 1 kopje roomkaas, kamertemperatuur
- 2 kopjes Colby-kaas, versnipperd
- 1 theelepel sumak
- 2 teentjes knoflook, fijngehakt
- 1 kopje kippenbouillon
- Zout en gemalen zwarte peper, naar smaak

**INSTRUCTIES:**
a) Druk op de knop "Sauté" om uw Instant Pot te verwarmen. Zodra het warm is, smelt je de boter. Bak de paprika's tot ze net gaar zijn.
b) Voeg de overige ingrediënten toe; roer voorzichtig om te combineren.
c) Zet het deksel vast. Kies de "Handmatige" modus en Hoge druk; kook gedurende 3 minuten. Zodra het koken is voltooid, gebruikt u een snelle drukontlasting; verwijder voorzichtig het deksel.
d) Serveer met je favoriete keto-dippers. Eet smakelijk!

## 36. Kaas- en bierdip

**INGREDIËNTEN:**
- 1 kopje geraspte Amerikaanse kaas
- 1 kop geraspte cheddarkaas
- 1 kopje bier
- 2 eetlepels maizena
- Zout en peper naar smaak
- Tortillachips om erbij te serveren

**INSTRUCTIES:**
a) Verwarm het bier in een pan op middelhoog vuur.
b) Meng in een kleine kom de geraspte Amerikaanse kaas, geraspte cheddarkaas en maizena. Roer om te combineren.
c) Voeg het kaasmengsel toe aan de pan met het bier en roer tot het gesmolten en goed gemengd is.
d) Breng op smaak met zout en peper.
e) Serveer met tortillachips om te dippen.

# SANDWICH, HAMBURGERS EN WRAPS

## 37. Gegrilde Amerikaanse kaas- en tomatensandwich

**INGREDIËNTEN:**
- 8 sneetjes Witbrood
- Boter
- Bereide mosterd
- 8 plakjes Amerikaanse kaas
- 8 plakjes tomaat

INSTRUCTIES:

a) Beboter voor elke sandwich 2 sneetjes witbrood. Besmeer de onbeboterde kanten met bereide mosterd en plaats 2 plakjes Amerikaanse kaas en twee plakjes tomaat tussen het brood, met de beboterde kant naar buiten.

b) Bak ze aan beide kanten bruin in een koekenpan of grill tot de kaas smelt.

## 38. Snelle bagelomeletsandwich

**INGREDIËNTEN:**
- ¼ kopje fijngehakte ui
- 1 eetlepel boter
- 4 eieren
- ¼ kopje gehakte tomaat
- ⅛ theelepel zout
- ⅛ theelepel hete pepersaus
- 4 plakjes Jones Canadees Bacon
- 4 gewone bagels, gespleten
- 4 plakjes bewerkte Amerikaanse kaas

**INSTRUCTIES:**

a) Fruit de ui in een grote koekenpan met boter tot ze gaar is. Meng pepersaus, zout, tomaat en eieren.

b) Breng het eimengsel over naar de koekenpan.

c) Terwijl de eieren zijn uitgehard, laat u het ongekookte deel eronder stromen door de gekookte randen naar het midden te duwen. Kook tot de eieren gestold zijn. Ondertussen spek uit de magnetron en eventueel bagels roosteren.

d) Leg kaas over de bagelbodems. Snijd de omelet in vieren.

e) Serveer met spek op bagels.

## 39. Volledig Amerikaanse hamburgers

## INGREDIËNTEN:
### HAMBURGERS
- 1 kleine ui, in kleine blokjes gesneden
- Kosjer zout en versgemalen zwarte peper
- ¾ pond rundergehakt (80% mager)
- 2 aardappelburgerbroodjes, horizontaal gehalveerd
- 1 eetlepel ongezouten boter
- 4 plakjes Amerikaanse kaas
- ¼ kopje uitgelekte pour-over-augurken
- ½ kopje losjes verpakte, fijn gesneden sla

### SPECIALE SAUS
- ½ kopje mayonaise
- ¼ kopje ketchup
- 2 eetlepels zoete augurksaus, uitgelekt
- ½ theelepel mosterdpoeder (zoals Colman's)
- ½ theelepel knoflookpoeder
- ½ theelepel uienpoeder
- ¼ theelepel suiker

## INSTRUCTIES:
a) Droog de ui. Verwarm de oven voor op 325 ° F. Verdeel de ui in een enkele, gelijkmatige laag op een kleine bakplaat. Breng op smaak met zout en peper. Bak gedurende 25 tot 27 minuten, tot het verschrompeld is en net bruin begint te worden langs de randen. Haal uit de oven en zet opzij om af te koelen.

b) Vorm de hamburgers. Doe het gehakt in een grote kom en breng op smaak met ½ theelepel zout en ¼ theelepel peper. Gebruik je handen om voorzichtig te mengen tot het net gemengd is. Verdeel het rundvlees in 4 balletjes van gelijke grootte. Plaats de ballen een paar centimeter uit elkaar, tussen twee lagen vetvrij papier. Druk de balletjes in dunne pasteitjes, ⅛ tot ¼ inch dik, 4½ inch in diameter. Zet de pasteitjes minimaal 5 minuten in de koelkast.

c) Maak de saus. Meng in een kleine kom de mayonaise, ketchup, saus, mosterdpoeder, knoflookpoeder, uienpoeder en suiker. Breng op smaak met zout en peper.

d) Rooster de broodjes. Verhit een grote gietijzeren koekenpan op middelhoog vuur. Rooster de broodjes in batches in de droge pan, met de snijkant naar beneden, gedurende 1 tot 2 minuten, tot ze lichtbruin zijn. Breng over naar een schoon, droog werkoppervlak. Smeer een dunne laag saus op de onderkant en bovenkant van de broodjes.

e) Kook de hamburgers. Haal de pasteitjes uit de koelkast. Smelt de boter in dezelfde pan waarin de broodjes worden geroosterd op middelhoog vuur. Bestrooi de bovenkant van de pasteitjes vlak voor het koken met zout. Plaats twee van de pasteitjes in de pan, met de gezouten kant naar beneden. Breng de bovenkant op smaak met zout. Kook 2 minuten aan de eerste kant, of tot ze bruin zijn. Draai de burgers om en bak nog 1 minuut, of tot ze bruin zijn. Breng het over naar de bodems van de broodjes en beleg elke burger onmiddellijk met een plakje kaas. Leg de overige twee pasteitjes in de pan, met de gezouten kant naar beneden. Breng de bovenkant op smaak met zout. Kook 2 minuten aan de eerste kant, of tot ze bruin zijn. Draai de burgers om en beleg elk met een plakje kaas. Kook nog 1 minuut, of tot het bruin is en de kaas is gesmolten. Breng de gekookte pasteitjes onmiddellijk over op de hamburgers met kaas erop. Laat het 1 minuut staan, zodat het bovenste pasteitje de kaas op het onderste pasteitje kan laten smelten.

f) Zet de hamburgers in elkaar. Beleg elke burger met 1 eetlepel ui, een paar plakjes augurk, een handjevol sla en de bovenkant van de broodjes. Breng over naar serveerschalen en serveer.

## 40. Ontbijt Hamburger

**INGREDIËNTEN:**
- 6 ons Mager gemalen rundvlees
- 4 plakjes spek, knapperig gekookt
- Zout naar smaak
- Dierlijk vet
- 2 hamburgerbroodjes
- 2 plakjes Amerikaanse kaas
- 2 middelgrote eieren, gebakken
- 2 opgebakken aardappels, gekookt en warm gehouden

**INSTRUCTIES:**
j) Vorm het rundvlees tot dunne, gelijkmatige pasteitjes. Breng op smaak met zout.
k) Bestrijk het rooster met dierlijk vet en leg de pasteitjes erop.
l) Grill ongeveer 4 minuten per kant.
m) Haal de burgers van de grill en leg ze elk in een broodje.
n) Beleg met een plakje kaas, spek, gebakken ei en hash brown.

## 41. Spam tosti-held

**INGREDIËNTEN:**
- 4 segmenten Zwitserse kaas
- 2 Pruimtomaatjes, dun gesegmenteerd
- 8 segmenten Italiaans brood
- 1 kan SPAM
- ¼ kopje mosterd in Dijon-stijl
- ¼ kopje dun gesegmenteerde groene uien
- 4 segmenten Amerikaanse kaas
- 2 eetlepels Boter of margarine

**INSTRUCTIES:**

a) Verdeel kaas en tomaten gelijkmatig over 4 broodsegmenten. Leg SPAM over tomaten.
b) Verspreid mosterd op SPAM. Bestrooi met ui.
c) beleg met Amerikaanse kaas en de resterende broodsegmenten.
d) Smelt de boter in een grote bakplaat. Voeg de sandwiches toe en gril op matig vuur tot ze bruin zijn en de kaas gesmolten is, één keer draaiend.

## 42. Provolone Pesto

**INGREDIËNTEN:**
- 2 sneetjes Italiaans brood
- 2 plakjes tomaat
- 1 Eetlepels zachte boter, verdeeld
- 1 plakje Amerikaanse kaas
- 1 Eetlepel bereide pestosaus, verdeeld
- 1 plakje provolonekaas

**INSTRUCTIES:**

a) Verdeel ½ eetlepels boter gelijkmatig over 1 plakje. Leg het plakje in een koekenpan met anti-aanbaklaag, met de beboterde kant naar beneden, op middelhoog vuur.

b) Verdeel ½ eetlepels pesto gelijkmatig over de beboterde plak, gevolgd door een plakje provolonekaas, plakjes tomaat en een plakje Amerikaanse kaas.

c) Verdeel de overgebleven pesto gelijkmatig over een ander plakje en bedek het plakje in de koekenpan, met de pesto-kant naar beneden.

d) Verdeel nu de overgebleven boter over de sandwich en bak alles ongeveer 5 minuten aan beide kanten of tot het goudbruin is.

## 43. Copycat in N'Out Burger

**INGREDIËNTEN:**
**BURGERS:**
- 1 pond rundergehakt (bij voorkeur 80/20)
- Zout en peper
- 4 plakjes, gele Amerikaanse kaas

**SAUS INGREDIËNTEN**
- ⅓ kopje mayonaise
- 1 eetlepels suikervrije ketchup
- 1 theelepel mosterd
- 2 eetlepels in blokjes gesneden augurken
- 1-2 theelepels augurkensap
- ½ theelepel zout
- ½ theelepel paprikapoeder
- ½ theelepel knoflookpoeder

**TOPPINGEN:**
- IJsbergsla "broodjes"
- Gesneden tomaat
- Augurken
- ½ gele ui, dun gesneden
- Optioneel - slimme broodjes

**INSTRUCTIES:**

a) Begin met het bereiden van de saus. Meng in een kleine kom de mayonaise, suikervrije ketchup, 1 theelepel mosterd, in blokjes gesneden augurken, augurkensap en kruiden. Meng en test de smaak. Smaken smelten na verloop van tijd beter samen, dus voel je vrij om je aan te passen.

b) Om de hamburgerpasteitjes klaar te maken, meet u 60 gram vlees per pasteitje af en rolt u ze in een gehaktbal. Herhaal dit zodat je in totaal 10 gehaktballetjes hebt. Breng de bovenkant op smaak met zeezout en gemalen zwarte peper.

c) Verwarm uw gietijzer/bakplaat voor op een hoog vuur. Voeg indien nodig een beetje olie toe aan de pan. Leg twee gehaktballetjes op de bakplaat of pan, gebruik een brede spatel en druk aan.

d) Rijg de bovenkant (optioneel) in mosterd voordat u hem omdraait. Werk snel. Als de randen bruin lijken te worden, draai je ze om.

e) Leg een stuk Amerikaanse kaas op één burgerpasteitje en stapel het tweede pasteitje erop.

f) Begin met een onderste stuk sla, voeg de gesneden ui, het dubbelgestapelde burgerpasteitje, de tomaat, de augurken en de saus toe.

g) Dek af met het tweede slabroodje en graaf maar aan!

## 44. Zoete Aardappel En Ei Burrito's

## INGREDIËNTEN:
### VOOR DE AARDAPPELEN
- 1 kopje water of groentebouillon
- ½ pond zoete aardappelen geschild en in kleine blokjes gesneden
- Kosjer of fijn zeezout en versgemalen zwarte peper
- Voor de vulling
- 2 eetlepels olijfolie of plantaardige olie, verdeeld
- ½ ui, fijngehakt
- ½ rode paprika, zonder zaadjes en fijngehakt
- 1 theelepel chipotlepoeder
- 1 kopje glutenvrije zwarte bonen uit blik, gespoeld en uitgelekt
- 6 grote eieren

### VOOR MONTAGE
- 4 grote glutenvrije tortilla's
- ½ kopje tomatillo, salsa Verde, salsa Roja of pico de gallo
- 1 kopje geraspte Monterey Jack, Pepper Jack of Colby-kaas
- Vers geperst limoensap Verse korianderblaadjes, gehakt

## INSTRUCTIES:
### AARDAPPELEN
a) Giet het water in de bodem van de binnenpan van uw elektrische snelkookpan.

b) Plaats een stoommandje in de pan en stapel de aardappelen in het mandje. Sluit en vergrendel het deksel en zorg ervoor dat de stoomhendel in de afsluitpositie staat. Kook op hoge druk gedurende 2 minuten.

c) Laat uiteraard de druk gedurende 2 minuten af en laat vervolgens snel de resterende druk ontsnappen door de stoomontgrendelingshendel op ontluchten te draaien. Druk op Annuleren. Ontgrendel het deksel en open het voorzichtig.

d) Haal de aardappelen uit de pan, breng op smaak met zout en peper, zet opzij en houd ze warm. De aardappelen kunnen een dag van tevoren worden gekookt en opnieuw worden opgewarmd voordat de eieren worden gekookt en de burrito's worden samengesteld.

### VULLING
e) Terwijl de aardappelen koken, verwarm in een koekenpan van 25 cm 1 eetlepel (15 ml) olie en kook de ui en paprika gedurende 5 minuten, zodat ze iets zachter worden.

f) Voeg het chipotlepoeder en de bonen toe aan de koekenpan en verwarm door. Gebruik een schuimspaan om de groenten in een kom over te brengen en dek ze af om ze warm te houden.

g) Voeg de resterende 1 eetlepel (15 ml) olie toe aan de koekenpan. Klop de eieren in een kom tot ze gemengd zijn, giet ze in de koekenpan en kook, onder voortdurend roeren, tot ze roerei zijn.

h) Haal de pan van het vuur. Hak de eieren met een spatel in kleine stukjes. Roer de bonen en groenten door de eieren en houd ze warm.

**MONTAGE**

i) Verwarm de tortilla's lichtjes en leg er een vierde van de aardappelen en een vierde van de eieren op. Bestrijk met 2 eetlepels (30 g) salsa en ongeveer ¼ kopje (30 g) geraspte kaas.

j) Besprenkel met wat limoensap en een beetje koriander, rol voorzichtig op en serveer warm.

## 45. Kaasbiefstuk in Philly-stijl

**INGREDIËNTEN:**
- 2 paprika's
- 1 kleine gele ui
- 450 g dun gesneden rundvleesreepjes
- 3 kopjes gesneden champignons
- 1 eetlepel olie
- 1 pakje Philly-Style Cheesesteak-kruiden
- 1 kopje geraspte mozzarella of provolonekaas
- 6 hoagiebroodjes, geroosterd

**INSTRUCTIES:**
a) Verwarm de oven voor op 375 ° F. Lijnplaatpan met bladpanvoering.
b) Paprika in stukjes snijden en ui in dunne plakjes snijden.
c) Meng in een grote kom paprika, ui, rundvlees, champignons, olie en kruiden. Gooi tot het goed bedekt is.
d) Schik het zo goed mogelijk in een enkele laag in de pan. Rooster gedurende 15 minuten.
e) Haal uit de oven; bestrooi met kaas.
f) Plaats terug in de oven en rooster gedurende 2 minuten of tot de kaas smelt.
g) Serveer in hoagiebroodjes.

## 46. Gebakken Auberginesandwiches

**INGREDIËNTEN:**
- 1 theelepel olijfolie
- 2 eieren
- ½ kopje bloem voor alle doeleinden, of meer indien nodig
- zout en versgemalen zwarte peper naar smaak
- 1 snufje cayennepeper, of meer naar smaak
- 1 kopje pankokruimels
- 8 plakjes aubergine, gesneden in een dikte van 3/8 inch
- 2 plakjes provolonekaas, in vieren gesneden
- 12 dunne plakjes salami
- 2 ⅔ eetlepels olijfolie, verdeeld
- 2 ⅔ eetlepels fijn geraspte Parmigiano-Reggiano-kaas, verdeeld

**INSTRUCTIES:**

a) Verwarm de oven voor op 425 graden F (220 graden C). Bekleed een bakplaat met aluminiumfolie.

b) Klop de eieren los in een kleine, ondiepe kom. Meng de bloem, het zout, de zwarte peper en de cayennepeper in een grote, ondiepe schaal. Giet de pankokruimels in een andere grote, ondiepe schaal.

c) Beleg een plakje aubergine met ¼ plakje provolonekaas, 3 plakjes salami en ¼ plakje provolonekaas. Leg er een even groot plakje aubergine op. Herhaal met de resterende plakjes aubergine, kaas en salami.

d) Druk elke auberginesandwich voorzichtig in de gekruide bloem om te coaten; overtollige stoffen afschudden. Dompel beide kanten van elke sandwich in het losgeklopte ei en druk het vervolgens in pankokruimels. Leg ze op de voorbereide bakplaat terwijl je de resterende auberginesandwiches maakt.

e) Sprenkel 1 theelepel olijfolie in een cirkel met een diameter van ongeveer 7,5 cm op de folie; plaats een auberginesandwich op het geoliede gebied. Strooi ongeveer 1 theelepel Parmigiano-Reggiano-kaas over de sandwich. Herhaal dit met de resterende 3 sandwiches, besprenkel een deel van de folie met olijfolie, leg een sandwich op de olie en beleg met Parmezaanse kaas. Besprenkel de bovenkant van elke sandwich met 1 theelepel olijfolie.

f) Bak in de voorverwarmde oven gedurende 10 minuten. Draai de sandwiches om en strooi er 1 theelepel Parmigiano-Reggiano-kaas over. Bak tot ze bruin is en een schilmesje gemakkelijk in de aubergine kan worden gestoken, nog 8 tot 10 minuten. Serveer warm of op kamertemperatuur.

## 47. Visfiletburger

**INGREDIËNTEN:**
- 1 bevroren gepaneerd witvispasteitje
- 1 klein, normaal hamburgerbroodje
- 1 Eetlepel bereide tartaarsaus
- ½ plakje echte Amerikaanse kaas
- scheutje zout
- 1 vel vetvrij papier van 12 x 12 inch (om in te pakken)

**INSTRUCTIES:**

a) Verwarm uw friteuse voor op 375-400 graden. Nadat het klaar is, kook je de vis 3-5 minuten tot hij gaar is.

b) Verwijder en voeg een scheutje zout toe.

c) Magnetron het broodje ongeveer 10 seconden, tot het heet en stomend is.

d) Voeg ongeveer 1 eetlepel bereide tartaarsaus toe aan de kruinzijde van het broodje.

e) Leg de gekookte visfilet erop, voeg een ½ plakje Amerikaanse kaas toe, gecentreerd op de vis, en leg de hiel van het broodje erop.

f) Wikkel het in een vel vetvrij papier van 12 "x12" en verwarm het in de laagste stand van de oven gedurende 8-10 minuten.

## 48. Portobello Italiaanse subsandwich

**INGREDIËNTEN:**
- 8 grote portobello-champignons, schoongeveegd
- 2 eetlepels extra vergine olijfolie
- Kosjer zout
- 1 eetlepel rode wijnazijn
- 1 eetlepel fijngehakte pepperoncini met zaden
- ½ theelepel gedroogde oregano
- Vers gemalen zwarte peper
- 2 ons gesneden provolon (ongeveer 4 plakjes)
- 2 ons dun gesneden natriumarme ham (ongeveer 4 plakjes)
- 1 ounce dun gesneden Genua-salami (ongeveer 4 plakjes)
- 1 kleine tomaat, in 4 plakjes gesneden
- ½ kopje geraspte ijsbergsla
- 4 met Spaanse peper gevulde olijven

**INSTRUCTIES:**

a) Plaats een ovenrek in het bovenste derde deel van de oven en verwarm de ovengrill voor.

b) Verwijder de steeltjes van de champignons en gooi deze weg.

c) Leg de champignonhoedjes met de kieuwen naar boven en verwijder met een scherp mes de kieuwen helemaal (zodat de hoedjes plat komen te liggen).

d) Leg de hoedjes van de champignons op een bakplaat, bestrijk ze rondom met 1 eetlepel olie en bestrooi ze met ¼ theelepel zout.

e) Rooster tot de doppen net gaar zijn en draai ze halverwege om, 4 tot 5 minuten per kant. Laat volledig afkoelen.

f) Meng de azijn, pepperoncini, oregano, de resterende 1 eetlepel olie en een paar maal zwarte peper in een kleine kom.

**MONTEER DE SANDWICHES**

g) Leg een champignonhoed met de snijkant naar boven op een werkoppervlak. Vouw 1 stuk provolone zodat het op de dop past en herhaal met 1 plakje ham en salami.

h) Beleg met 1 plakje tomaat en ongeveer 2 eetlepels sla. Besprenkel met wat peperoncinivinaigrette. Sandwich met nog een champignondop en zet vast met een tandenstoker met een olijf erop. Herhaal met de overige ingrediënten om nog 3 sandwiches te maken.

i) Wikkel elke sandwich halverwege in vetvrij papier (dit helpt alle sappen op te vangen) en serveer.

## 49. Zuurdesem, Provolone, Pesto

**INGREDIËNTEN:**
- ½ kopje extra vergine olijfolie
- 8 sneetjes zuurdesembrood
- ¼ kopje pesto
- 16 dunne plakjes Provolone-kaas
- 12 dunne plakjes prosciutto
- 4 hele, geroosterde rode paprika's, in julienne gesneden

**INSTRUCTIES:**

a) Verwarm uw Panini-grill volgens de instructies van de fabrikant.

b) Verdeel pesto over elke helft van het brood voordat je de helft van de kaas, prosciutto, paprikareepjes en de resterende kaas over de onderste helft legt en sluit het om een sandwich te maken.

c) Doe er wat boter op en bak deze Panini ongeveer 4 minuten op de voorverwarmde grill, of tot de buitenkant goudbruin is.

## 50. Gastronomische warme ham en kaas

**INGREDIËNTEN:**
- 2 grote croissants
- 4 plakjes ham
- 4 plakjes Zwitserse kaas
- 1 eetlepel Dijon-mosterd
- 1 eetlepel honing
- 1 eetlepel ongezouten boter
- Verse peterselie, gehakt (optioneel)

**INSTRUCTIES:**
a) Verwarm de oven voor op 375 ° F.
b) Snijd de croissants in de lengte doormidden.
c) Verdeel een halve eetlepel Dijon-mosterd op de onderste helft van elke croissant.
d) Beleg de mosterd met 2 plakjes ham en 2 plakjes Zwitserse kaas.
e) Sprenkel een halve eetlepel honing over de kaas.
f) Sluit de croissant met de bovenste helft.
g) Smelt ½ eetlepel boter in een koekenpan met antiaanbaklaag op middelhoog vuur.
h) Leg de croissants in de koekenpan en bak ze 1-2 minuten per kant, of tot de kaas gesmolten is en de croissants goudbruin zijn.
i) Leg de croissants op een bakplaat.
j) Bak in de voorverwarmde oven gedurende 5-7 minuten, of tot de croissants gaar zijn.
k) Haal uit de oven en laat een minuut afkoelen.
l) Strooi gehakte peterselie over de croissants, indien gebruikt.
m) Serveer en geniet van uw heerlijke Gourmet Hot Ham & Cheese Croissant!

## 51. Cubanen

## INGREDIËNTEN:

- 4 (6-inch) heldenrollen
- ¼ kopje (½ stokje) ongezouten boter, op kamertemperatuur
- 4 theelepels Dijon-mosterd
- ¼ kopje mayonaise
- ½ pond dun gesneden Zwitserse kaas
- 1 kopje uitgelekte pour-over-augurken of dun gesneden dille-augurken
- ½ pond in dunne plakjes gesneden overgebleven gebraden varkensschouder
- ½ pond dun gesneden prosciutto cotto

## INSTRUCTIES:

a) Beboter het brood. Snijd de broodjes horizontaal doormidden. Besmeer de buitenkant van elke helft met boter. Leg ze op een bakplaat met de snijkant naar boven.

b) Bouw de boterham. Bestrijk elke rolbodem met 1 theelepel mosterd en elke rolbovenkant met 1 eetlepel mayonaise. Snijd de plakjes kaas doormidden en verdeel ze over de rolbodems. Beleg met een laag augurken, geroosterd varkensvlees en ham. Bedek met de roltopjes.

c) Rooster de sandwiches. Verhit een grote gietijzeren koekenpan op middelhoog vuur tot hij heet is. Werk indien nodig in batches en breng de sandwiches voorzichtig over in de koekenpan. Dek af met aluminiumfolie en plaats er een grote, zware pan op.

d) Kook, terwijl u af en toe op de pan drukt, gedurende 4 tot 5 minuten, tot de bodem goudbruin en knapperig is.

e) Draai de sandwiches om en vervang de aluminiumfolie en de zware pan.

f) Kook 4 tot 5 minuten, tot de tweede kant goudbruin is en de kaas volledig gesmolten is. Leg ze op een snijplank en snijd de sandwiches schuin doormidden.

g) Breng over naar serveerschalen en serveer.

## 52. Kampvuur warme broodjes

**INGREDIËNTEN:**
- Pakketten kleine dinerbroodjes, of 2 dozijn Kaiserbroodjes
- 1½ pond geschoren delicatessenham
- ½ blok Velveeta-kaas versnipperd
- 7 hardgekookte eieren in blokjes
- 3 eetlepels mayonaise

**INSTRUCTIES:**
a) Combineer alle ingrediënten en vul de broodjes.
b) Wikkel elke sandwich afzonderlijk in folie en verwarm ongeveer 15 minuten boven een kampvuur.

# HOOFDGERECHT

## 53. Sissende kip en kaas

**INGREDIËNTEN:**
- 2 (4-ounce) kipfilets
- 2 eetlepels gehakte knoflook
- 2 eetlepels gehakte peterselie
- 1 theelepel gemalen rode pepers
- ¼ theelepel zwarte peper
- ¼ theelepel zout
- 4 verdeelde eetlepels olijfolie
- 1 julienne groene paprika
- 1 julienne rode paprika
- 1 julienne gele ui
- 4 kopjes gekookte aardappelpuree
- ½ kopje geraspte witte Chihuahua-kaas
- 2 plakjes Amerikaanse kaas

**INSTRUCTIES:**
a) Wrijf de kipfilets tot een gelijkmatige dikte.
b) Meng knoflook, peterselie, pepers, peper, zout en 2 eetlepels olijfolie in een zak met ritssluiting.
c) Leg de kipfilets in de marinade en zet 2-4 uur in de koelkast.
d) Verhit de resterende olijfolie in een gietijzeren koekenpan op middelhoog vuur en bak de kip
e) borsten gedurende 5 minuten per kant totdat ze een goudbruine kleur bereiken. Haal uit de pan.
f) Fruit de paprika en ui gedurende 2-3 minuten, tot ze beetgaar zijn. Haal uit de koekenpan.
g) Verhit een gietijzeren koekenpan op de brander tot deze zeer heet is. Doe de aardappelpuree in de pan,
h) Voeg vervolgens de kaas, paprika en uien toe.
i) Leg de kip op de aardappelen. Kook tot het is opgewarmd. Serveer vanuit de hete koekenpan.

## 54. Fajitas met kip

**INGREDIËNTEN:**
- 1 eetlepel maizena
- 2 theelepels chilipoeder
- 1 theelepel zout
- 1 theelepel paprikapoeder
- 1 theelepel suiker
- ¾ theelepel gemalen kippenbouillonblokje
- ½ theelepel uienpoeder
- ¼ theelepel knoflookpoeder
- ¼ theelepel cayennepeper
- ¼ theelepel komijn
- 2 grote kipfilets zonder vel
- ½ kopje gehakte groene paprika
- ½ kopje in blokjes gesneden witte ui
- 2 eetlepels McDonald's fajitakruiden
- 2 Eetlepels water
- ½ theelepel witte azijn
- ¼ theelepel limoensap, uit het concentraat
- 2 plakjes echte Amerikaanse kaas
- 4 bloemtortilla's van 20 cm
- kokende olie

**INSTRUCTIES:**

a) Snijd de kip in kleine reepjes, niet langer dan vijf centimeter, ongeveer ¼ inch dik.

b) Meng de fajitakruiden met water, azijn en limoensap in een kleine kom.

c) Marineer de kip in het bovenstaande mengsel, afgedekt en gekoeld, gedurende een paar uur.

d) Kook de gemarineerde kipreepjes in een wok op middelhoog vuur tot ze bruin zijn. (marinade bewaren) Gebruik bakolie om plakken te voorkomen.

e) Voeg groene paprika en ui toe en roerbak ongeveer 1 minuut.

f) Voeg de resterende marinade toe en roerbak totdat de vloeistof "ontsnapt".

g) Schep ¼ van het mengsel in het midden van een bloemtortilla en voeg een ½ plakje Amerikaanse kaas toe.

h) Bestrooi met een scheutje van je voorgemengde fajitakruiden.

i) Vouw het als een burrito met één uiteinde open en wikkel het in een vel vetvrij papier van 12x12. Laat 5-7 minuten zitten.

j) Magnetron, nog steeds verpakt, elk 15 seconden. (afzonderlijk)

## 55. Kaasachtig gehaktbrood

**INGREDIËNTEN:**
- 2 pond gehakt
- 1 kopje broodkruimels
- 2 eieren
- 1 kopje geraspte Amerikaanse kaas
- ¼ kopje ketchup
- 1 el Worcestershiresaus
- 1 theelepel zout
- ½ theelepel zwarte peper

**INSTRUCTIES:**

a) Verwarm de oven voor op 350 ° F.

b) Meng in een mengkom het gehakt, paneermeel, eieren, geraspte Amerikaanse kaas, ketchup, worcestershiresaus, zout en peper. Goed mengen.

c) Doe het mengsel in een ingevette bakvorm en druk het aan zodat het gelijkmatig verdeeld wordt.

d) Bak gedurende 1 uur of tot het gehaktbrood gaar is.

e) Bestrooi met extra geraspte Amerikaanse kaas en zet terug in de oven gedurende 5-10 minuten of tot de kaas gesmolten en bubbelend is.

## 56. Gegrilde biefstuk met blauwe kaasboter

**INGREDIËNTEN:**
- 4 ribeyesteaks
- 4 eetlepels boter, zacht
- ¼ kopje verkruimelde blauwe kaas
- ¼ kopje geraspte Amerikaanse kaas
- 1 theelepel Worcestershiresaus
- Zout en peper naar smaak

**INSTRUCTIES:**
a) Verwarm een grill of grillpan voor op hoog vuur.
b) Kruid de ribeyesteaks met peper en zout.
c) Meng in een mengkom de zachte boter, verkruimelde blauwe kaas, geraspte Amerikaanse kaas en Worcestershire-saus. Goed mengen.
d) Grill de steaks 4-5 minuten per kant voor medium-rare.
e) Bestrijk elke biefstuk met een klodder blauwe kaasboter en laat deze over de biefstuk smelten.

## 57. Kaasachtige gevulde kippenborsten

**INGREDIËNTEN:**
- 4 kipfilets zonder bot en zonder vel
- 1 kopje geraspte Amerikaanse kaas
- ¼ kopje gehakte verse peterselie
- Zout en peper naar smaak
- 1 eetlepel olijfolie

**INSTRUCTIES:**
a) Verwarm de oven voor op 375 ° F.
b) Snijd met een scherp mes een zak in elke kipfilet.
c) Meng in een mengkom de geraspte Amerikaanse kaas, gehakte peterselie, zout en peper. Goed mengen.
d) Vul elke kipfilet met het kaasmengsel en zet vast met tandenstokers.
e) Verhit de olijfolie in een grote ovenbestendige koekenpan op middelhoog vuur. Bak de kipfilets aan alle kanten bruin.
f) Zet de koekenpan in de voorverwarmde oven en bak 20-25 minuten, of tot de kip gaar is en de kaas gesmolten en bubbelend is.

## 58. Kaasachtige braadpan met broccoli en kip

**INGREDIËNTEN:**
- 2 kopjes gekookte, geraspte kip
- 2 kopjes gehakte broccoli
- ¼ kopje boter
- ¼ kopje bloem voor alle doeleinden
- 2 kopjes melk
- 2 kopjes geraspte Amerikaanse kaas
- Zout en peper naar smaak
- ½ kopje broodkruimels

**INSTRUCTIES:**

a) Verwarm de oven voor op 350 ° F.

b) Meng in een grote mengkom de gekookte, geraspte kip en gehakte broccoli. Goed mengen.

c) Smelt de boter in een pan op middelhoog vuur. Klop de bloem erdoor tot een gladde massa.

d) Voeg geleidelijk de melk toe en blijf koken, onder voortdurend roeren, tot het mengsel dikker wordt.

e) Roer de geraspte Amerikaanse kaas erdoor tot het gesmolten en glad is. Breng op smaak met zout en peper.

f) Giet de kaassaus over het kip- en broccolimengsel in de mengkom. Goed mengen.

g) Breng het mengsel over naar een ingevette ovenschaal van 9x13 inch.

h) Bestrooi met paneermeel.

i) Bak gedurende 25-30 minuten of tot de braadpan heet en bruisend is.

# SALADES EN KANTEN

## 59. Kaasachtige gegrilde aardappelen

**INGREDIËNTEN:**
- 3 roodbruine aardappelen, elk in 8 in de lengte gesneden partjes
- 1 Ui, dun gesegmenteerd
- 2 eetlepels olijfolie
- 1 eetlepel In blokjes gesneden verse peterselie
- ½ theelepel knoflookpoeder
- ½ theelepel zout
- ½ theelepel Grof gemalen peper
- 1 kopje geraspte cheddarkaas of Colby-jack-kaas

**INSTRUCTIES:**
a) Meng in een grote schaal aardappelpartjes, ui, olie, peterselie, knoflookpoeder, zout en peper.
b) Plaats in een foliegrillpan in enkele lagen.
c) Dek af met een tweede foliepan om een pakketje te vormen. Verstevig de verzegelde rand van het pakket met folie.
d) Plaats op de grill op matig vuur; kook gedurende 40 tot 50 minuten of tot ze gaar zijn, schud het pakket regelmatig en draai het halverwege het grillen ondersteboven.
e) Haal het deksel eruit; beleg met kaas.
f) Dek af en kook nog 3 tot 4 minuten tot de kaas smelt.

## 60. Caesarsalade met Amerikaanse Kaascroutons

## INGREDIËNTEN:
- 1 krop Romeinse sla, fijngesneden
- ½ kopje geraspte Parmezaanse kaas
- ¼ kopje olijfolie
- 2 eetlepels Dijon-mosterd
- 2 teentjes knoflook, fijngehakt
- 1 eetlepel Worcestershiresaus
- Zout en peper naar smaak
- 4 plakjes Amerikaanse kaas, in kleine blokjes gesneden
- 4 sneetjes brood, in kleine blokjes gesneden

## INSTRUCTIES:
a) Verwarm de oven voor op 350 ° F.
b) Meng in een grote mengkom de gehakte Romeinse sla en de geraspte Parmezaanse kaas. Goed mengen.
c) Meng in een aparte kleine mengkom de olijfolie, Dijon-mosterd, gehakte knoflook, Worcestershire-saus, zout en peper.
d) Giet de dressing over het slamengsel en roer goed door.
e) Verdeel de Amerikaanse kaasblokjes en broodblokjes op een bakplaat.
f) Bak gedurende 10-15 minuten of tot de kaas gesmolten is en de broodblokjes knapperig zijn.
g) Voeg de kaascroutons toe aan de salade en roer goed voordat je ze serveert.

## 61. Amerikaanse kaas- en spekaardappelsalade

**INGREDIËNTEN:**
- 2 pond aardappelen, geschild en in kleine stukjes gesneden
- ½ kopje mayonaise
- ¼ kopje zure room
- ¼ kopje gehakte groene uien
- ½ kopje gehakt gekookt spek
- 1 kopje geraspte Amerikaanse kaas
- Zout en peper naar smaak

**INSTRUCTIES:**

a) Kook de gesneden aardappelen in een grote pan met gezouten water tot ze gaar zijn.

b) Giet de aardappelen af en laat ze afkoelen tot kamertemperatuur.

c) Meng in een grote mengkom de mayonaise, zure room, gehakte groene uien, gehakt gekookt spek, geraspte Amerikaanse kaas, zout en peper. Goed mengen.

d) Voeg de afgekoelde aardappelen toe aan de kom en meng tot ze bedekt zijn met de dressing.

e) Zet de aardappelsalade minimaal 1 uur in de koelkast voordat je hem serveert.

## 62. Gegrilde maïs met Amerikaanse kaas en limoen

**INGREDIËNTEN:**
- 4 korenaren, schillen verwijderd
- 2 eetlepels olijfolie
- ½ kopje geraspte Amerikaanse kaas
- 1 limoen, in partjes gesneden
- Zout en peper naar smaak

**INSTRUCTIES:**
a) Verwarm de grill voor op middelhoog vuur
b) Bestrijk de maïskolven met olijfolie en bestrooi met zout en peper.
c) Grill de maïs gedurende 8-10 minuten, of tot hij zacht en licht verkoold is, en draai hem af en toe om.
d) Haal de maïs van de grill en bestrooi met geraspte Amerikaanse kaas.
e) Knijp voor het serveren limoenpartjes over de maïs.

## 63. Cobb-salade met Amerikaanse kaas

**INGREDIËNTEN:**
- 4 kopjes gemengde saladegroenten
- 2 kopjes gekookte en gehakte kipfilet
- 4 hardgekookte eieren, gehakt
- 4 plakjes gekookt spek, verkruimeld
- 1 avocado, in blokjes gesneden
- ½ kopje kerstomaatjes, gehalveerd
- ½ kopje verkruimelde blauwe kaas
- ½ kopje geraspte Amerikaanse kaas
- Zout en peper naar smaak
- Ranchdressing om te serveren

**INSTRUCTIES:**
a) Schik de gemengde saladegroenten op een grote serveerschaal.
b) Verdeel de gekookte en gehakte kipfilet, de hardgekookte eieren, het verkruimelde spek, de in blokjes gesneden avocado en de gehalveerde kerstomaatjes over de groenten.
c) Strooi de verkruimelde blauwe kaas en geraspte Amerikaanse kaas over de salade.
d) Breng de salade op smaak met peper en zout.
e) Serveer de salade met ranchdressing ernaast.

## 64. Amerikaanse kaas- en broccolisalade

**INGREDIËNTEN:**
- 4 kopjes gehakte broccoliroosjes
- ¼ kopje in blokjes gesneden rode ui
- ½ kopje mayonaise
- ¼ kopje zure room
- 1 eetlepel appelazijn
- 1 eetlepel honing
- ½ theelepel knoflookpoeder
- ½ kopje geraspte Amerikaanse kaas
- Zout en peper naar smaak

**INSTRUCTIES:**
a) Meng in een grote mengkom de gehakte broccoliroosjes en de in blokjes gesneden rode ui.
b) Klop in een aparte kom de mayonaise, zure room, appelciderazijn, honing en knoflookpoeder door elkaar.
c) Giet de dressing over het broccolimengsel en schep om.
d) Strooi de geraspte Amerikaanse kaas over de salade.
e) Breng de salade op smaak met peper en zout.

## 65. Salade van appel en Amerikaanse kaas

**INGREDIËNTEN:**
- 4 kopjes gemengde saladegroenten
- 1 appel, in plakjes gesneden
- ¼ kopje gesneden amandelen
- ¼ kopje gedroogde veenbessen
- ½ kopje geraspte Amerikaanse kaas
- Zout en peper naar smaak
- Balsamicovinaigrette voor erbij

**INSTRUCTIES:**
a) Schik de gemengde saladegroenten op een grote serveerschaal.
b) Leg de gesneden appel, de gesneden amandelen en de gedroogde veenbessen op de greens.
c) Strooi de geraspte Amerikaanse kaas over de salade.
d) Breng de salade op smaak met peper en zout.
e) Serveer de salade met balsamicovinaigrette ernaast.

# PIZZA EN DEEGWAREN

## 66. Pizza met basilicumpeperoni uit de tuin

**INGREDIËNTEN:**
- Brood en pizzadeeg zonder kneden, ½ pond
- Extra vierge olijfolie, een eetlepel
- Provolone-kaas, één kopje, geraspt
- Cherrytomaatjes, 2 kopjes
- Mozzarellakaas, één kopje, geraspt
- Ingeblikte geplette tomaten, ¾ kopje
- Gesneden pepperoni, 8 stuks
- 1 teentje knoflook, gehakt of geraspt
- Kosjer zout en versgemalen peper
- Verse basilicum, ter garnering

**INSTRUCTIES:**
a) Rol het deeg uit op een oppervlak dat licht met bloem is bestrooid.
b) Verplaats het deeg voorzichtig naar de voorbereide bakvorm.
c) Leg de mozzarella en provolone erop, samen met de geplette tomaten.
d) Verdeel de pepperoni erover.
e) Meng de kerstomaatjes, knoflook, olijfolie, zout en peper.
f) Verdeel gelijkmatig over de pizza.
g) Bak gedurende 10 tot 15 minuten op 450 ° F.
h) Leg er verse basilicumblaadjes op.
i) Snijd en geniet ervan.

## 67. Pepperoni-lasagne

## INGREDIËNTEN:
- ¾ pond rundergehakt
- ¼ theelepel gemalen zwarte peper
- ½ pond salami, gehakt
- 9 lasagna-noedels
- ½ pond pepperoniworst, gehakt
- 4 kopjes geraspte mozzarellakaas
- 1 ui, gehakt
- 2 kopjes kwark
- 2 (14,5 ounces) blikjes gestoofde tomaten
- 9 plakjes witte Amerikaanse kaas
- 16 ons tomatensaus
- geraspte Parmezaanse kaas
- 6 ons tomatenpuree
- 1 theelepel knoflookpoeder
- 1 theelepel gedroogde oregano
- ½ theelepel zout

## INSTRUCTIES:
a) Bak je pepperoni, rundvlees, uien en salami gedurende 10 minuten. Overtollige olie verwijderen. Doe alles in je slowcooker op low met wat peper, tomatensaus en pasta, zout, gestoofde tomaten, oregano en knoflookpoeder gedurende 2 uur.

b) Zet uw oven aan op 350 graden voordat u verdergaat.

c) Kook uw lasagne in zout water gedurende 10 minuten al dente en verwijder dan al het water.

d) Breng in uw ovenschaal een lichte laag saus aan en leg er een laag op: ⅓ noedels, 1 ¼ kopje mozzarella, ⅔ kopje kwark, plakjes Amerikaanse kaas, 4 theelepels parmezaanse kaas, ⅓ vlees. Ga door tot het gerecht vol is.

e) Kook gedurende 30 minuten.

## 68. Queso Mac en Kaas

**INGREDIËNTEN:**
- 1 pond elleboogmacaroni
- Snufje zout en zwarte peper
- 12 ons Amerikaanse kaas, wit
- 8 ons cheddarkaas, extra scherp
- 6 Eetlepels. van ongezouten boter
- 6 Eetlepels. van bloem voor alle doeleinden
- 4 kopjes melk, heel
- 2, 8-ounce blikjes tomaten en groene chilipepers, in blokjes gesneden
- 1, 8-ounce blikje groene chilipepers, mild
- ½ kopje korianderblaadjes, vers en grof gehakt
- 1 kopje tortillachips, geplet
- ½ theelepel. van chilipoeder

**INSTRUCTIES:**
a) Verwarm eerst de oven tot 425 graden.
b) Terwijl de oven aan het opwarmen is, kook je de pasta in een pan met water volgens de INSTRUCTIES op de verpakking. Zodra de pasta gaar is, afgieten en opzij zetten.
c) Voeg in een middelgrote kom de Amerikaanse kaas en cheddarkaas toe. Roer goed om te mengen.
d) Zet een grote Nederlandse oven op middelhoog vuur. Voeg de ongezouten boter toe. Zodra de boter gesmolten is, voeg je de bloem toe. Klop tot een gladde massa en kook gedurende 1 minuut. Voeg de melk toe en klop om te mengen. Blijf 8 minuten koken of tot het een dikke consistentie heeft.
e) Voeg de tomaten uit blik en de chilipepers toe. Kook gedurende 2 minuten voordat u het van het vuur haalt.
f) Voeg 4 kopjes kaasmengsel toe en roer goed tot een gladde consistentie.
g) Voeg de gekookte pasta en koriander toe. Meng goed en breng op smaak met een scheutje zout en zwarte peper.
h) Breng dit mengsel over naar een grote ingevette ovenschaal.
i) Voeg de tortillachips, chilipoeder en het resterende kopje kaas toe in een kleine kom. Meng alles goed door elkaar en strooi het over de pasta.
j) Zet in de oven en bak gedurende 12 tot 15 minuten.
k) Verwijder en serveer met een garnituur van koriander.

## 69. Mac en Kaas Ontbijtsandwich

**INGREDIËNTEN:**
- 1 pond gekookte macaroni
- 8 grote eieren
- Zout en peper naar smaak
- ¼ kopje ongezouten boter
- 4 Engelse muffins, gespleten en geroosterd
- 4 plakjes gekookte ham
- 4 plakjes Amerikaanse kaas

**INSTRUCTIES:**
a)   Klop in een grote kom de eieren, het zout en de peper door elkaar.
b)   Smelt de boter in een grote koekenpan op middelhoog vuur.
c)   Voeg de gekookte macaroni toe aan de koekenpan en roer om te combineren.
d)   Giet de losgeklopte eieren over de macaroni in de koekenpan.
e)   Kook de eieren en macaroni, af en toe roerend, tot de eieren roerei en hard zijn.
f)   Om de sandwiches samen te stellen, plaatst u een plakje ham en een plakje Amerikaanse kaas op de onderste helft van elke Engelse muffin.
g)   Schep het mengsel van eieren en macaroni op de kaas en ham.
h)   Bestrijk met de resterende helft van de Engelse muffin en serveer.

## 70. Bloemkool Broccoli Macaroni

**INGREDIËNTEN:**
- 2 kopjes bloemkoolroosjes
- 1-ounce Amerikaanse kaas in stukjes gesneden
- ¾ kopje kokosmelk
- 1 kopje cheddarkaas, versnipperd
- 8 ons elleboogmacaroni
- 2 kopjes broccoliroosjes
- 3 kopjes water
- ½ theelepel zout

**INSTRUCTIES:**

a) Voeg water, macaroni, bloemkool, broccoli en zout toe aan de instantpot en roer goed.

b) Sluit de pot af met een deksel en kook op de hoogste stand gedurende 4 minuten.

c) Laat de druk ontsnappen met behulp van de quick-release-methode en open vervolgens het deksel.

d) Zet de instantpot in de sauteermodus. Voeg Amerikaanse kaas, kokosmelk en cheddarkaas toe. Roer goed en kook gedurende 5 minuten.

e) Serveer en geniet.

## 71. Bloemkool Broccoli Macaroni

**INGREDIËNTEN:**

- 2 kopjes bloemkoolroosjes
- 1-ounce Amerikaanse kaas in stukjes gesneden
- ¾ kopje kokosmelk
- 1 kopje cheddarkaas, versnipperd
- 8 ons elleboogmacaroni
- 2 kopjes broccoliroosjes
- 3 kopjes water
- ½ theelepel zout

**INSTRUCTIES:**

a) Voeg water, macaroni, bloemkool, broccoli en zout toe aan de instantpot en roer goed.

b) Sluit de pot af met een deksel en kook op de hoogste stand gedurende 4 minuten.

c) Laat de druk ontsnappen met behulp van de quick-release-methode en open vervolgens het deksel.

d) Zet de instantpot in de sauteermodus. Voeg Amerikaanse kaas, kokosmelk en cheddarkaas toe. Roer goed en kook gedurende 5 minuten.

e) Serveer en geniet.

## 72. Linguine met Kaassaus

**INGREDIËNTEN:**
- ½ kopje magere yoghurt
- 1 rauw ei
- ⅓ kopje 99% vetvrije kwark
- Zout of zout met botersmaak
- Peper
- ½ theelepel oregano of pizzakruiden
- 3 ons Zwitserse kaas, grof versnipperd
- ⅓ kopje verse gehakte peterselie

**INSTRUCTIES:**

a) Roer er boven de hete linguine snel de yoghurt door en vervolgens het ei om in te dikken.

b) Roer vervolgens de overige ingrediënten erdoor.

c) Zet de pan op een heel laag vuur tot de kaas gesmolten is.

## 73. Gebakken kaasgnocchi

**INGREDIËNTEN:**
- 3 liter water
- 9 kopjes melk
- 2 eetlepels koosjer zout
- 1 theelepel verse geraspte nootmuskaat
- 6 kopjes Polenta
- 1 kopje ongezouten boter
- 3 kopjes Parmezaanse kaas
- ¾ kopje gekookt spek
- ¾ kopje peterselie
- ⅓ kopje lente-uitjes
- 18 Ei
- 1 eetlepel Versgemalen witte peper
- 9 kopjes Zwitserse kaas
- 1 kopje olijfolie
- 1 eetlepel Gemalen kaneel

**INSTRUCTIES:**
a) Combineer water, melk, zout en nootmuskaat in een pan, op een matig vuur.
b) Zet het vuur heel langzaam lager, roer de polenta erdoor en blijf roeren tot het dik is.
c) Haal van het vuur en roer de boter, Parmezaanse kaas, spek, peterselie, lente-uitjes, eieren en zwarte peper erdoor.
d) Meng goed en giet het in een bakvorm tot een dikte van ¼ inch.
e) Snijd in rondjes van 2 inch met een koekjesvormer.
f) Verwijder de rondjes in een beboterde bakvorm en bedek elke ronde met 1 eetlepel geraspte Zwitserse kaas.
g) Besprenkel met olijfolie.
h) Bak op 350 graden tot ze knapperig en goudbruin zijn.
i) Garneer met gemalen kaneel en serveer warm.

## 74. Gemakkelijke snelle pizza's

**INGREDIËNTEN:**

- 1 pond rundergehakt
- 1 pond verse, gemalen varkensworst
- 1 ui, gehakt
- 10 ons verwerkte Amerikaanse kaas, in blokjes
- 32 ons cocktailroggebrood

**INSTRUCTIES:**

a) Zet uw oven op 350 graden F voordat u iets anders doet.

b) Verhit een grote koekenpan en bak de worst en het rundvlees tot ze volledig bruin zijn.

c) Voeg de ui toe en bak deze gaar en laat het overtollige vet uit de pan lopen.

d) Roer het verwerkte kaasvoedsel erdoor en kook tot de kaas is gesmolten.

e) Leg de sneetjes brood op een bakplaat en beleg elk sneetje met een flinke lepel van het rundvleesmengsel.

f) Kook alles ongeveer 12-15 minuten in de oven.

# SOEPEN EN CHOWDER

## 75. Tonijn Smelt Chowder

**INGREDIËNTEN:**
- 0,75 ons boter
- 12,50 ons uien, wit, gehakt
- 18,75 ounces Aardappelen, roodbruin, geschild, in blokjes gesneden
- 1 stuk. Crèmesoepbasis, zak van 25,22 ounces, bereid
- 1,25 pond. Verwerkte Amerikaanse kaas, in blokjes
- 2 pond Tonijn in olie uitgelekt
- Indien nodig Kosjer zout
- Zo nodig peper
- Indien nodig Tomaat, gehakt

**INSTRUCTIES:**
a) Smelt de boter in een grote soeppan op middelhoog vuur en fruit de uien. Bak de aardappelen gedurende 5 minuten. Voeg de roomsoepbasis en kaas toe aan de pot. Zet het vuur laag en laat sudderen tot de aardappelen gaar zijn en de kaas gesmolten is. Voeg de tonijn toe en kook nog eens 10 minuten. Proef en pas de smaak aan.
b) Garneer met tomaat.

## 76. Gouden Aardappelsoep

**INGREDIËNTEN:**
- 3 kopjes geschilde en in blokjes gesneden aardappelen
- ½ kopje gehakte selderij
- ½ kopje gehakte ui
- 1 blokje kippenbouillon
- 1 kopje water
- 1 theelepel gedroogde peterselie
- ½ theelepel zout
- 1 snufje gemalen zwarte peper
- 2 theelepels bloem voor alle doeleinden
- 1 ½ kopjes melk
- 1 ½ kopjes geraspte Amerikaanse kaas
- 1 kop gehakte ham

**INSTRUCTIES:**

a) Voeg peterselievlokken, water, kippenbouillon, ui, selderij en aardappelen toe aan een grote soeppan. Breng op smaak met peper en zout en laat sudderen tot de groenten zacht zijn.

b) Meng de melk en bloem in een andere kom. Eenmaal goed gemengd, voeg je het toe aan het soepmengsel en kook je tot de soep dikker wordt.

c) Roer de gekookte ham of hamburger en kaas erdoor en laat sudderen tot de kaas smelt.

## 77. Groentennoedelsoep

**INGREDIËNTEN:**
- 3-½ kopjes melk
- 1 pakje (16 ounces) bevroren Californische groentenmix
- ½ kopje in blokjes gesneden Amerikaanse kaas (Velveeta)
- 1 envelop kipnoedelsoepmix

**INSTRUCTIES:**

a) Verwarm de melk in een grote pan aan de kook. Meng de groenten erdoor en breng aan de kook.

b) Zet het vuur lager; dek af en laat 6 minuten sudderen.

c) Meng het kaas- en soepmengsel erdoor. Verwarm opnieuw aan de kook. Zet het vuur lager.

d) Laat 5-7 minuten sudderen, of tot de kaas smelt en de noedels zacht zijn, onder af en toe roeren.

## 78. Kaasachtige Gehaktballensoep

**INGREDIËNTEN:**
- 1 pond mager rundergehakt
- 1 ei
- ¼ kopje LC paneer- en korstmix
- 1 theelepel zout
- 1 theelepel oregano
- 1 eetl. Peterselie gehakt
- ½ theelepel knoflookpoeder
- ½ theelepel gemalen zwarte peper
- Voor de voorraad
- 2 kopjes rundvleesbouillon
- ½ middelgrote groene paprika in blokjes gesneden
- ½ middelgrote rode paprika in blokjes gesneden
- 1 stengel bleekselderij, in blokjes gesneden
- ½ kopje rode ui, in blokjes gesneden
- 5 grote champignons, in blokjes gesneden
- Kaas saus:
- 4 eetl. Water
- 4 eetl. Heavy cream
- 4 eetl. Boter
- 8 plakjes Amerikaanse Kaas

**INSTRUCTIES:**
a) Doe het rundvlees, het ei, het paneermengsel, het zout, de oregano, de peterselie, de knoflook en de peper in een kom en meng goed. Vorm balletjes van 2 inch en zet opzij.
b) Doe de runderbouillon, groene en rode paprika, selderij, uien en champignons in de Instant Pot en roer om te combineren.
c) Doe de gehaktballetjes in de bouillon.
d) Plaats en vergrendel het deksel en stel de kooktijd handmatig in op 10 minuten.
e) Als er nog 3 minuten op de timer staan, combineer dan een magnetronbestendige kom met het water, de room, de boter en de Amerikaanse kaas.
f) Magnetron de kaassaus gedurende 2-3 minuten tot het gemengd is, roer elke 30 seconden.
g) Laat snel de druk ontsnappen en roer de kaassaus erdoor.
h) Serveer warm.

## 79. Wintergroenten- en hamsoep

**INGREDIËNTEN:**
- 3 middelgrote aardappelen, geschild en in stukken van ¼ inch gesneden
- ½ kopje gehakte ui
- 1 kopje water
- ¾ theelepel uienzout of uienpoeder
- ½ theelepel peper
- ⅛ theelepel zout
- 2 druppels hete saus in Louisiana-stijl
- ½ kopje in blokjes gesneden, volledig gekookte ham (stukjes van ¼ inch)
- 1 kopje verse of bevroren spruitjes, in vieren
- 1-½ kopjes melk
- ¾ kopje geraspte Colby-Monterey Jack-kaas, verdeeld

**INSTRUCTIES:**
a) Kook water met de aardappelen en de ui in een grote pan. Zet het vuur laag en dek af met een deksel. Laat het 10 tot 12 minuten koken tot het zacht wordt. Pureer de aardappelen met het water en voeg de peper, het uienzout, de hete saus en het zout toe. Laat het rusten.
b) Bak de spruitjes met de ham in een grote koekenpan met anti-aanbaklaag, besmeurd met kookspray, gedurende 5-6 minuten tot de spruitjes zacht worden. Meng het aardappelmengsel erdoor en giet de melk erbij. Laat het koken en zet het vuur laag. Laat het onafgedekt liggen terwijl u laat sudderen tot het grondig is verwarmd. Roer tijdens het koken gedurende 5 tot 6 minuten.
c) Voeg voorzichtig het halve kopje kaas toe en laat het 2 tot 3 minuten smelten. Bestrijk met de overgebleven kaas.

## 80. Kalkoensoep met Snijbiet

**INGREDIËNTEN:**
- 1 eetlepel koolzaadolie
- 1 pond kalkoendijen
- 1 wortel, bijgesneden en gehakt
- 1 prei, gehakt
- 1 pastinaak, gehakt
- 2 teentjes knoflook, fijngehakt
- 1 ½ liter kalkoenbouillon
- 2-steranijspeulen
- Zeezout, naar smaak
- ¼ theelepel gemalen zwarte peper, of meer naar smaak
- 1 laurierblad
- 1 bosje verse Thaise basilicum
- ¼ theelepel gedroogde dille
- ½ theelepel kurkumapoeder
- 2 kopjes snijbiet, in stukjes gescheurd

**INSTRUCTIES:**

a) Druk op de knop "Sauté" en verwarm de canola-olie. Bruine kalkoendijen nu 2 tot 3 minuten aan elke kant; reserveren.

b) Voeg een scheutje kalkoenbouillon toe om eventuele gebruinde stukjes van de bodem te schrapen.

c) Voeg vervolgens de wortel, prei, pastinaak en knoflook toe aan de Instant Pot. Sauteer tot ze zacht zijn.

d) Voeg de resterende kalkoenbouillon, steranijspeulen, zout, zwarte peper, laurier, Thaise basilicum, dille en kurkumapoeder toe.

e) Zet het deksel vast. Kies de stand "Soep" en kook gedurende 30 minuten. Zodra het koken is voltooid, gebruikt u een natuurlijke drukontlasting; verwijder voorzichtig het deksel.

f) Roer snijbiet erdoor terwijl het nog heet is om de bladeren te laten verwelken. Genieten!

## 81. Rueben Chowder

**INGREDIËNTEN:**
- 10 ons boter
- 30 ons uien, wit, in blokjes gesneden
- 30 ons Paprika, groen, in blokjes gesneden
- 1 stuk. Crèmesoepbasis, zak van 25,22 ounces, bereid
- 5,25 ons Dijon-mosterd
- 5 liter rundvleesbasis, bereid
- 5 pond. Cornedbeef, gekookt, versnipperd
- 2,50 pond. Zuurkool, afgespoeld en goed uitgelekt
- 2,50 pond. Zwitserse kaas, versnipperd
- Indien nodig Croutons, roggebrood
- Indien nodig Zwitserse kaas, versnipperd

**INSTRUCTIES:**
a) Smelt de boter in een grote soeppan op middelhoog vuur en bak de uien en paprika tot ze gaar zijn. Voeg de roomsoepbasis, de mosterd en de rundvleesbasis toe en meng tot een gladde massa met een draadgarde.
b) Voeg corned beef en zuurkool toe, roer en laat ongeveer 10 minuten sudderen. Roer de Zwitserse kaas erdoor en verwarm tot het gesmolten is. Proef en pas de smaak aan.
c) Garneer met roggebroodcroutons en extra Zwitserse kaas.

## 82. Jalapeño-kaassoep

**INGREDIËNTEN:**
- 6 kopjes kippenbouillon
- 8 stengels bleekselderij
- 2 kopjes in blokjes gesneden ui
- ¾ theelepel Knoflookzout
- ¼ theelepel Witte peper
- 2 pond Velveeta-kaas
- 1 kopje In blokjes gesneden jalapenopeper
- Zure room
- Bloem tortilla's

**INSTRUCTIES:**

a) Snijd de stengels bleekselderij, uien en jalapenos in blokjes. Snij Velveeta in blokjes.

b) Doe de kippenbouillon, selderij, uien, knoflookzout en witte peper in een grote pan. Kook op hoog vuur gedurende 10 minuten, of tot het mengsel indikt en iets dikker wordt.

c) Doe de bouillon en de kaas in een blender of keukenmachine. Pureer ze samen tot het mengsel glad is. Doe het gepureerde mengsel terug in de pan en laat het 5 minuten sudderen. Voeg de in blokjes gesneden paprika toe en meng goed.

d) Serveer met een klodder zure room en warme bloemtortilla's.

# DESSERT EN GEBAKKEN GOEDEREN

## 83. Noedel- en champignonsoufflé

**INGREDIËNTEN:**
- 9 ons noedels
- 18 ons gehakt
- 1 blikje Champignons
- 7 Tomaten
- 1 Prei
- 1 pakje Amerikaanse Kaasplakken
- 1 pakje Emmentaler Kaasplakken
- 4 eieren
- 15 ons crème
- Bieslook bevroren, naar smaak
- 1 teentje knoflook

**INSTRUCTIES:**

a) Snij champignons, prei en tomaten in plakjes.

b) Kook de noedels in zout water zoals aangegeven.

c) Bak het rundergehakt met de prei en de champignons kort in olie en breng op smaak met zout, peper en knoflook.

d) Neem een soufflépan en doe deze als volgt; noedels, tomaten, kaas, noedels, tomaten, kaas.

e) Het formulier mag slechts ¾ vol zijn.

f) Meng eieren, room, bieslook, peper en zout en giet het gelijkmatig erover. Bak in een oven van 200-220 C gedurende 45-50 minuten.

## 84. Kaastaartschelpen

**INGREDIËNTEN:**
- ½ kopje plantaardig bakvet
- 5 ons Amerikaanse smeerkaas
- 1½ kopjes ongebleekte bloem

**INSTRUCTIES:**

f) Combineer het bakvet en de smeerkaas in een kom.

g) Snijd de bloem met twee messen door het kaasmengsel tot het goed gemengd is.

h) Vorm er een rol van met een diameter van 1¼ inch en een lengte van 12 inch.

i) Wikkel het volledig in waspapier of plasticfolie.

j) Zet 1 uur of langer in de koelkast. Verwarm de oven voor op 375 graden F.

k) Haal het deeg uit de koelkast en pak het uit. Snijd ⅛-inch dik.

l) Gebruik 12 muffinbekers of taartvormen van 7,5 cm en plaats 1 plakje deeg op de bodem van elk.

m) Overlap 5 plakjes rond de buitenkant van elk.

n) Druk ze voorzichtig tegen elkaar. Prik de bodem en zijkanten in met een vork.

o) Bak gedurende 18 tot 20 minuten in de voorverwarmde oven tot ze lichtbruin zijn.

p) Laat afkoelen in de pannen op een rooster en verwijder voorzichtig de schelpen als ze koud aanvoelen.

## 85. Habanero en Colby Jack Flan

**INGREDIËNTEN:**
- 1 9-inch taartkorst
- 1 kopje zware room
- ½ kopje volle melk
- ¾ kopje geraspte Colby Jack-kaas
- 4 grote eieren
- 1 habanero-peper, zonder zaadjes en fijngehakt

**INSTRUCTIES:**

a) Verwarm de oven voor op 350 ° F. Klop in een grote mengkom de room, melk, geraspte Colby Jack-kaas, eieren en fijngehakte habanero-peper door elkaar.

b) Giet het mengsel in de voorbereide taartbodem en bak gedurende 40-45 minuten of tot het midden stevig is. Laat volledig afkoelen voordat je het serveert.

## 86. Alpiene aardappeltaart

**INGREDIËNTEN:**
- 7 grote aardappelen uit Idaho
- 3 kopjes Zwitserse kaas, versnipperd
- 3 kopjes zware room
- 3 theelepels knoflook, gehakt
- 1 eetlepel zout
- 2 theelepels Zwarte peper, vers gemalen
- 1 eetlepel Vers tijmblad, gehakt
- 1 theelepel boter, zacht
- Verwarm de oven voor op 300 graden F.

**INSTRUCTIES:**

a) Schil de aardappelen en snijd ze in plakjes van ongeveer ⅛ centimeter dik. Opzij zetten.

b) Meng in een kom de aardappelschijfjes, de helft van de geraspte kaas en de room, knoflook, zout, peper en tijm. Meng tot het goed gemengd is.

c) Vet een vierkante cakevorm of ovenschaal van 9 inch in met de zachte boter aan de onderkant en zijkanten. Doe het aardappelmengsel op de bodem van de pan en druk stevig aan terwijl je het toevoegt. Als het mengsel helemaal in de pan zit, zorg er dan voor dat het stevig aangedrukt is. Bestrijk met de resterende helft van de kaas.

d) Bak in de voorverwarmde oven tot de bovenkant goudbruin is, ongeveer 1½ uur. Haal de aardappelen uit de oven en laat ze 15 minuten rusten voordat je ze in stukken snijdt. Snijd in vierkanten van 2 tot 3 inch.

## 87. Kruidenkaastaartjes

**INGREDIËNTEN:**
- ⅓ kopje Fijne droge broodkruimels of fijngemalen zwieback
- 8 ons Pakket roomkaas, verzacht
- ¾ kopje Kwark in roomstijl
- ½ kopje geraspte Zwitserse kaas
- 1 eetlepel bloem voor alle doeleinden
- ¼ theelepel Gedroogde basilicum, geplet
- ⅛ theelepel Knoflookpoeder
- 2 eieren
- anti-aanbaklaag
- zuivelzure room
- gesneden of geschaafde rijpe olijven zonder pit, rode kaviaar
- geroosterde rode paprika

**INSTRUCTIES:**

a) Spuit voor de korst vierentwintig 1¾-inch muffinbekers met een anti-aanbaklaag.

b) Strooi broodkruimels of gemalen zwieback op de bodem en zijkanten om te bedekken.

c) Schud de pannen om overtollige kruimels te verwijderen. Opzij zetten.

d) Meng in een kleine mengkom roomkaas, kwark, Zwitserse kaas, bloem, basilicum en knoflookpoeder. Klop met een elektrische mixer op gemiddelde snelheid tot het luchtig is.

e) Voeg eieren toe; klop op lage snelheid tot het gecombineerd is. Overdrijf niet.

f) Vul elke met kruimels omzoomde muffinvorm met 1 eetlepel van het kaasmengsel. Bak in een oven van 375 graden F gedurende 15 minuten of tot de middelpunten stevig lijken.

g) Laat 10 minuten afkoelen in pannen op roosters. Haal uit de pannen.

h) Laat grondig afkoelen op roosters.

i) Om te serveren, verdeel de toppen met zure room. Garneer met olijven, kaviaar, bieslook en/of rode paprika en uitgesneden olijven.

j) Bak en koel taarten zoals aangegeven, behalve dat ze niet met zure room worden uitgesmeerd of met garnering worden belegd.

k) Dek af en laat maximaal 48 uur in de koelkast staan. Laat de taartjes 30 minuten op kamertemperatuur staan voordat je ze serveert.

l) Verdeel met zure room en garneer zoals aangegeven.

## 88. Drievoudige champignontaart

**INGREDIËNTEN:**
- 1 Ongebakken gekoelde taartkorst
- 1 kopje gehakte verse shiitake-champignons
- 1 kop Gesneden verse witte of bruine champignons
- 1 kopje gehakte verse oesterzwammen
- ¼ theelepel gedroogde marjolein
- 2 eetlepels Boter
- ¾ kopje geraspte Gruyere-kaas
- ¾ kopje geraspte Zwitserse kaas
- ½ kopje Gehakt Canadees spek
- 2 eieren, lichtgeklopt
- ½ kopje melk
- 1 eetlepel Gesnipperde verse bieslook
- Canadees spek, in dunne plakjes gesneden
- Wiggen, optioneel

**INSTRUCTIES:**

a) Druk het deeg in een taartvorm van 23 cm met verwijderbare bodem. Fluit; snijd gelijkmatig af met de bovenkant. Bekleed met een dubbele laag folie; bak op 450F. 8 minuten.

b) Verwijder de folie en bak nog 4-5 minuten tot het stevig en droog is.

c) Zet de oven op 375F.

d) Kook de champignons tot ze gaar zijn in boter, 4-5 minuten, tot de vloeistof verdampt is.

e) Haal van het vuur.

f) Meng Gruyere, Zwitserse kazen en Canadees spek.

g) Voeg champignons, melk, eieren en bieslook toe. Giet in de taartbodem.

h) Bak ongeveer 20 minuten tot het gaar en goudbruin is.

i) Laat 10-15 minuten afkoelen in een pan op een rooster. Verwijderen.

j) Snijd in partjes en garneer met Canadese spekpartjes.

## 89. Peterselie en Zwitserse vlaai

**INGREDIËNTEN:**
- 1 9-inch taartkorst
- 1 kopje zware room
- ½ kopje volle melk
- ¾ kopje geraspte Zwitserse kaas
- 4 grote eieren
- ¼ kopje gehakte verse peterselie

**INSTRUCTIES:**

a)   Verwarm de oven voor op 350 ° F. Klop in een grote mengkom de room, melk, geraspte Zwitserse kaas, eieren en gehakte verse peterselie door elkaar.

b)   Giet het mengsel in de voorbereide taartbodem en bak gedurende 40-45 minuten of tot het midden stevig is.

c)   Laat volledig afkoelen voordat je het serveert.

## 90. Worst & Jack Pie

## INGREDIËNTEN:
- 2 8-ounce tubes gekoelde halvemaanrollen
- 2 pakjes bruine en serveerontbijtworstjes van 8 ounce, gebruind en in plakjes gesneden
- 4 c. geraspte Monterey Jack- of Colby Jack-kaas
- 8 eieren, losgeklopt
- 1-½ c. melk
- 2 theelepels ui, gehakt
- 2 theelepels groene paprika, gehakt
- ½ t. zout
- ¼ t. peper
- ¼ t. gedroogde oregano

## INSTRUCTIES:
a) Verdeel elk blik halvemaanrollen in 2 grote rechthoeken. Plaats de rechthoeken naast elkaar in een niet-ingevette bakvorm van 30 x 30 cm om een korst te vormen, die de bodem en de helft van de zijkanten van de pan bedekt.
b) Druk op om perforaties af te dichten.
c) Schik worstjes over de korst; bestrooi met kaas. Combineer de resterende ingrediënten en giet de kaas erover.
d) Bak, onbedekt, op 400 graden gedurende 20 tot 25 minuten.

## 91. Mexicaanse Capirotada

**INGREDIËNTEN:**
- 4 kopjes kokend water
- 2 kopjes bruine suiker
- 1 Hele kruidnagel
- 1 Stokje kaneel
- ¼ kopje boter
- 1 Rozijnenbrood, in blokjes gesneden
- 1 kopje rozijnen
- 1 kop Gehakte walnoten
- ¼ pond geraspte Monterey jack-kaas
- ¼ pond geraspte Colby-kaas

**INSTRUCTIES:**

a) Voeg aan een liter kokend water bruine suiker, kruidnagel, kaneel en boter toe.

b) Laat sudderen tot er een lichte siroop ontstaat en verwijder dan het kruidnagel en de kaneel.

c) Snij 1 rozijnenbrood in blokjes en droog het in een oven van 250F tot het knapperig is.

d) Spoel 1 kopje rozijnen af in heet water en laat ze uitlekken. Leg in een grote beboterde ovenschaal voortdurend de broodblokjes, rozijnen, walnoten, Monterey Jack-kaas en longhorn-kaas (cheddar-jack) totdat alle ingrediënten zijn gebruikt.

e) Schep de hete siroop gelijkmatig over het broodmengsel. Bak in een voorverwarmde oven op 350F gedurende 30 minuten. Serveer warm of koud.

# DRANKEN EN COCKTAILS

## 92. Met kaas doordrenkte wodka-martini

**INGREDIËNTEN:**
- 2 ons met kaas doordrenkte wodka
- ½ ons droge vermout
- 1 citroendraaije voor garnering

**INSTRUCTIES:**

a) Om de met kaas doordrenkte wodka te maken, combineer 1 kopje geraspte Amerikaanse kaas en 1 fles wodka in een afsluitbare pot.

b) Laat het mengsel 3-4 dagen trekken, terwijl u af en toe schudt.

c) Giet het mengsel door een fijne zeef om de kaasdeeltjes te verwijderen.

d) Meng in een shaker gevuld met ijs de met kaas doordrenkte wodka en de droge vermout. Goed schudden en uitschenken in een gekoeld martiniglas.

e) Garneer met een citroendraaije en serveer.

## 93. Gegrilde Kaas Bloody Mary

**INGREDIËNTEN:**
- 2 ons wodka
- 4 ons tomatensap
- 1 theelepel Worcestershiresaus
- 1 theelepel hete saus
- 1 theelepel bereide mierikswortel
- ½ ons citroensap
- Tosti met tosti's ter garnering

**INSTRUCTIES:**
a) Meng in een shaker gevuld met ijs de wodka, tomatensap, Worcestershire-saus, hete saus, bereide mierikswortel en citroensap. Goed schudden.
b) Zeef het mengsel in een glas gevuld met ijs.
c) Garneer met een klein broodje gegrilde kaas en serveer.

## 94. Bloedige Mary met blauwe kaas en spek

**INGREDIËNTEN:**
- 2 ons wodka
- 4 ons tomatensap
- 1 theelepel Worcestershiresaus
- 1 theelepel hete saus
- 1 theelepel bereide mierikswortel
- ½ ons citroensap
- Met blauwe kaas gevulde olijven en spek ter garnering

**INSTRUCTIES:**
a) Meng in een shaker gevuld met ijs de wodka, tomatensap, Worcestershire-saus, hete saus, bereide mierikswortel en citroensap. Goed schudden.
b) Zeef het mengsel in een glas gevuld met ijs.
c) Garneer met met blauwe kaas gevulde olijven en een reepje spek.

## 95. Kaasachtige warme chocolademelk

**INGREDIËNTEN:**
- 2 kopjes melk
- ½ kopje zware room
- 1 kopje geraspte Amerikaanse kaas
- 2 eetlepels cacaopoeder
- 2 eetlepels suiker
- 1 theelepel vanille-extract

**INSTRUCTIES:**

a) Verwarm de melk en slagroom in een pan op middelhoog vuur.

b) Voeg de geraspte Amerikaanse kaas toe en roer tot het gesmolten en gecombineerd is.

c) Voeg het cacaopoeder, de suiker en het vanille-extract toe en roer tot alles goed gemengd is.

d) Heet opdienen.

## 96. Romige Amerikaanse Kaas Smoothie

**INGREDIËNTEN:**
- 1 kopje melk
- ½ kopje gewone Griekse yoghurt
- 1 banaan
- ¼ kopje geraspte Amerikaanse kaas
- 1 theelepel honing

**INSTRUCTIES:**

a) Meng in een blender de melk, Griekse yoghurt, banaan, geraspte Amerikaanse kaas en honing.
b) Meng tot een glad en romig mengsel.
c) Serveer in een hoog glas en geniet ervan.

## 97. Martini met appel en cheddarkaas

**INGREDIËNTEN:**
- 2 ons appelcider
- 2 ons wodka
- 1 ons citroensap
- 1 ounce honingsiroop (1:1 verhouding honing en water)
- 1 ons geraspte cheddarkaas
- Appelschijfje ter garnering

**INSTRUCTIES:**

a) Meng in een shaker gevuld met ijs de appelcider, wodka, citroensap, honingsiroop en geraspte cheddarkaas.
b) Goed schudden.
c) Zeef het mengsel in een gekoeld martiniglas.
d) Garneer met een schijfje appel en serveer.

## 98. Kaasachtige grapefruitmargarita

**INGREDIËNTEN:**
- 2 ons tequila
- 1 ons grapefruitsap
- ½ ons limoensap
- ½ ounces honingsiroop (1:1 verhouding honing en water)
- 1-ounce geraspte Amerikaanse kaas
- Grapefruitwig voor garnering

**INSTRUCTIES:**
a) Meng in een shaker gevuld met ijs de tequila, grapefruitsap, limoensap, honingsiroop en geraspte Amerikaanse kaas. Goed schudden.
b) Zeef het mengsel in een glas gevuld met ijs.
c) Garneer met een partje grapefruit en serveer.

## 99. Kaasachtige Hot Toddy

**INGREDIËNTEN:**
- 1 kopje heet water
- ½ ons citroensap
- 1 eetl honing
- 1 kaneelstokje
- 1-ounce geraspte Amerikaanse kaas

**INSTRUCTIES:**

a) Meng het hete water, het citroensap, de honing en het kaneelstokje in een mok. Roer om te combineren.

b) Voeg de geraspte Amerikaanse kaas toe en roer tot het gesmolten en gecombineerd is.

c) Verwijder het kaneelstokje en serveer.

## 100. Blauwe Kaas Whisky Fizz

**INGREDIËNTEN:**
- 60 ml whisky
- 30 ml agavesiroop (of gewone suikersiroop)
- 30 ml blauwe kaascrème
- 30 ml vers citroensap
- 5 druppels oranjebloesemwater
- 1 eiwit
- Frisdrank naar boven

**INSTRUCTIES:**

a) Combineer alle ingrediënten behalve frisdrank in een shaker.

b) Droogschudden gedurende 2 minuten. Voeg ijs toe en schud gedurende 30 seconden.

c) Zeef het in een glas en laat het ongeveer 30 seconden rusten.

d) Giet sodawater naar boven (het stijve schuim zal naar boven stijgen)

# CONCLUSIE

We hopen dat je genoten hebt van " HET ULTIEME AMERIKAANSE KAAS KOOKBOEK" en dat het je geïnspireerd heeft om de heerlijke wereld van Amerikaanse kaas te verkennen. Of je nu alle recepten in dit boek hebt geprobeerd of slechts een paar, we zijn ervan overtuigd dat je een aantal nieuwe en opwindende manieren hebt ontdekt om kaas in je keuken te gebruiken.

Bedenk dat kaas een veelzijdig ingrediënt is dat in allerlei gerechten kan worden gebruikt, van ontbijt tot dessert. En omdat er zoveel verschillende soorten Amerikaanse kaas beschikbaar zijn, zijn de mogelijkheden eindeloos. Blijf dus experimenteren en veel plezier in de keuken!

Wij willen u bedanken dat u voor dit boek hebt gekozen en hopen dat het u heeft geholpen de geneugten van koken met Amerikaanse kaas te ontdekken. Veel kookplezier!

www.ingramcontent.com/pod-product-compliance
Lightning Source LLC
LaVergne TN
LVHW021706060526
838200LV00050B/2534